**COLLECTION LANGUE ET CULTURE**
DIRIGÉE PAR JEAN-CLAUDE CORBEIL

LES EXERCICES DU
MULTI
DICTIONNAIRE
DE LA LANGUE FRANÇAISE
CAHIER 1 M

**LILIANE MICHAUD**

SOUS LA DIRECTION DE MARIE-ÉVA DE VILLERS

# LES EXERCICES DU
# MULTI
# DICTIONNAIRE
## DE LA LANGUE FRANÇAISE

► TESTEZ VOS CONNAISSANCES

► DÉJOUEZ LES PIÈGES DE LA LANGUE

► ACTUALISEZ DES NOTIONS OUBLIÉES

CAHIER
**1**

## Exercices variés

Québec Amérique

**DIRECTION**
**ÉDITRICE :** CAROLINE FORTIN
**DIRECTRICE ÉDITORIALE :** MARTINE PODESTO
**DIRECTRICE ARTISTIQUE :** JOHANNE PLANTE

**CONCEPTION ET RÉDACTION**
LILIANE MICHAUD

**LECTURE-CORRECTION**
CATHERINE GENDREAU

**PRODUCTION**
**CHARGÉE DE PROJET :** VÉRONIQUE LORANGER
**RESPONSABLE DE L'IMPRESSION :** SALVATORE PARISI

**ILLUSTRATION**
CHRISTIAN TIFFET

**MISE EN PAGE**
JULIE VILLEMAIRE

**PROGRAMMATION**
GABRIEL TRUDEAU-ST-HILAIRE

**PRÉIMPRESSION**
FRANÇOIS HÉNAULT

**CONTRIBUTIONS**
QUÉBEC AMÉRIQUE REMERCIE LES PERSONNES SUIVANTES
POUR LEUR CONTRIBUTION AU PRÉSENT OUVRAGE :
A CAPELLA DESIGN COMMUNICATION,
MARIE-ÉVA DE VILLERS, DOMINIQUE LEMAY,
ROGER MAGINI.

Les Éditions Québec Amérique inc.
329, rue de la Commune Ouest, 3e étage
Montréal (Québec)  H2Y 2E1
Téléphone : 514 499-3000, télécopieur : 514 499-3010
www.multidictionnaire.com
www.quebec-amerique.com
www.ikonet.com

Nous reconnaissons l'aide financière du gouvernement du Canada
par l'entremise du Fonds du livre du Canada pour nos activités
d'édition.

Les Éditions Québec Amérique inc. tiennent également à remercier
l'organisme suivant pour son appui financier :

Gouvernement du Québec — Programme de crédits d'impôts
pour l'édition de livres — Gestion SODEC.

Imprimé et relié au Québec.
0471, Version 1.0

**Catalogage avant publication de Bibliothèque et Archives
nationales du Québec et Bibliothèque et Archives Canada**

Michaud, Liliane
Exercices du Multidictionnaire de la langue française : cahier
2e éd. rev. et mise à jour.
Volume 1 publ. antérieurement sous le titre : Les cahiers du
Multidictionnaire des difficultés de la langue française.  1995.
L'ouvrage complet comprendra 4 v.
Comprend un index.
ISBN  978-2-7644-1087-5 (v. 1)
ISBN  978-2-7644-1088-2 (v. 2)

1. Français (Langue) - Problèmes et exercices. I. Villers, Marie-Èva
de, 1945-   . Multidictionnaire de la langue française. II. Titre.
III. Titre : Les cahiers du Multidictionnaire des difficultés de la
langue française.

PC2625.V54 2009 Suppl.          443          C2011-941108-3

Dépôt légal : 2011
Bibliothèque nationale du Québec
Bibliothèque nationale du Canada

# TABLE DES MATIÈRES

Le son *è* [ɛ] peut se transcrire de bien des façons : par exemple -*è*, -*ès*, -*et*, -*ai*, -*aid*, -*aie*, -*ais*, -*ait*, -*aix*. **Compléter les mots suivants dont la finale correspond au son *è*.**

**RAPPEL**

Sont homophones des mots *(ver, vert, verre...)*, des lettres *(o, au...)* ou des syllabes *(oie, oi...)* qui ont la même prononciation, sans avoir le même sens ou la même orthographe.

1. Un secr ....... est un f ....... que l'on conn ......., m ....... que l'on t .......

2. Le miner ....... qu'il a trouvé contiendr ....... de l'or.

3. Ça m'effr ....... de voir les acrobates de cirque travailler sans fil .......

4. Le bass ....... est un chien tr ....... bas sur pattes.

5. Un sobriqu ....... est un surnom familier, parfois moqueur, parfois affectueux.

6. En quelques tr ....... de cr ....... l'artiste a dessiné un portr ....... du touriste japon .......

7. Moi, tuer un criqu .......? Jam .......!

8. Le Franç ....... Louis Braille a inventé, en 1829, un alphab ....... constitué de points en relief que les aveugles peuvent « lire » avec les doigts.

9. Tournesol consult ....... sans arr ....... sa montre de gouss .......

10. Le cassoul ....... est un m ....... que l'on sert traditionnellement dans une terrine de gr .......

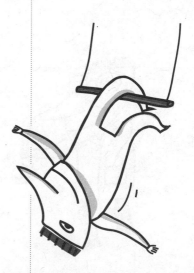

**POUR EN SAVOIR PLUS,** CONSULTER LE TABLEAU ▶ **HOMONYMES** AU *MULTIDICTIONNAIRE* OU DANS *LA NOUVELLE GRAMMAIRE EN TABLEAUX*.

9

**EXERCICE 2**

**Remplacer le mot ou le groupe de mots soulignés par l'abréviation correspondante. Certains mots peuvent s'abréger de plus d'une façon.**

1. Le *Titanic* a coulé à 150 <u>kilomètres</u> au sud-est de Terre-Neuve.

   RÉPONSE : ...........................................

2. Destinataire : Monsieur Maigret, <u>boulevard</u> du Crime.

   RÉPONSE : ...........................................

3. La chimiste ajoute 20,5 <u>millilitres</u> d'un liquide bleuté dans la fiole. RÉPONSE : ...........................................

4. Un groupe d'élèves a été invité à assister à l'ouverture de l'Assemblée générale de l'<u>Organisation des Nations Unies</u>.

   RÉPONSE : ...........................................

5. On peut obtenir le formulaire au <u>centre local de services communautaires</u> du quartier.

   RÉPONSE : ...........................................

6. Louise s'est inscrite au <u>collège d'enseignement général et professionnel</u> de sa région. RÉPONSE : ...........................................

7. Heureusement que le sigle de l'<u>acide désoxyribonucléique</u> est plus facile à retenir que sa désignation au long.

   RÉPONSE : ...........................................

8. J'ai besoin d'un disque dur d'une capacité de 30 <u>gigaoctets</u>, au moins. RÉPONSE : ...........................................

9. Après le nom de la rue, on a indiqué : <u>appartement</u> 4.

   RÉPONSE : ...........................................

10. L'acronyme de <u>light amplification by stimulated emission of radiation</u> est très connu. RÉPONSE : ...........................................

**POUR EN SAVOIR PLUS,** CONSULTER LE TABLEAU ▶ **ABRÉVIATION (RÈGLES DE L')** AU *MULTIDICTIONNAIRE* OU DANS *LA NOUVELLE GRAMMAIRE EN TABLEAUX.*

**EXERCICE 3**

Ajouter les accents aigu, grave et circonflexe, selon le cas.

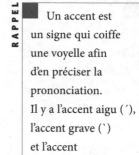
1. La vipere inocule son venin par une morsure, l'abeille par une piqure.

2. Certaines precautions doivent etre prises pour observer une eclipse solaire, afin d'eviter des brulures aux yeux.

3. La foule est restee hebetee lors de l'accident du coureur automobile.

4. Le financier surveille les cotes boursieres en degustant une cote de bœuf.

5. Un si bel ete nous fait oublier la grele et le grcsil de l'hiver.

6. La derniere œuvre du peintre representait un tas de mures mures ecrasees sur un mur.

7. Je bois mon lait comme ça me plait, mais je ne bois jamais de lait suri, ça c'est sur!

8. L'helicoptere a percute un pylone qui soutient des lignes electriques.

9. Le barometre sert a mesurer la pression atmospherique, c'est-a-dire la pression exercee par l'air.

10. Une des taches des abeilles consiste a secreter de la cire pour confectionner les alveoles de la ruche.

POUR EN SAVOIR PLUS, CONSULTER LES TABLEAUX▶ ACCENTS ▶ ACCENTS PIÈGES ▶ AVOIR (CONJUGAISON DU VERBE) ▶ PRÉPOSITION AU MULTIDICTIONNAIRE OU DANS LA NOUVELLE GRAMMAIRE EN TABLEAUX.

« C'est ma chatte Picote. Un animal très spécial, que j'ai créé avec une formule de ma composition. Elle parle, mais, surtout, elle change très souvent de couleur. En ce moment elle a le poil rouge avec de gros pois verts. »

**Un dragon dans la cuisine**
Carmen Marois
Québec Amérique, 1992.

EXERCICE **4**

**Faire l'accord des adjectifs de couleur.**

1. Naomi porte des sandales vert....... olive.......

2. La peintre a ajouté deux roses vermillon....... sur son tableau.

3. Le bébé caméléon, camouflé en rouge sur les dalles rouge....... tomate......., était vert de peur!

4. La carte portait comme signature deux petits cœurs écarlate.......

5. Les pentures vert.......-de-gris....... donnent un cachet ancien à la porte.

6. Depuis que Rose a les cheveux violet......., on l'appelle Violette!

7. On recommande de porter des vêtements pastel....... plutôt que des vêtements noir....... lorsqu'il fait très chaud.

8. Pit porte souvent des chemises orange......., des pantalons citron......., des chaussettes banane....... et des chaussures pêche.......; on dirait une salade de fruits!

9. Pierre rêve de nager dans les eaux bleu....... turquoise....... des mers du Sud.

10. La nature morte représentait un plateau contenant deux avocats et une orange, le tout déposé sur une nappe avocat.......

**POUR EN SAVOIR PLUS,** CONSULTER LE TABLEAU ►COULEUR (ADJECTIFS DE) AU *MULTIDICTIONNAIRE* OU DANS *LA NOUVELLE GRAMMAIRE EN TABLEAUX.*

**EXERCICE 5**

Entourer et corriger l'anglicisme contenu dans chacune des phrases.

1. C'est l'heure de pointe, les voitures se suivent bumper contre bumper. **RÉPONSE :** .......................................

2. Le motard a un énorme tatou sur l'avant-bras, qui représente justement un tatou, quel original! **RÉPONSE :** .......................................

3. Ma sœur adore téléphoner, elle a passé la soirée sur le téléphone.

   **RÉPONSE :** .......................................

4. C'est une passionnée d'informatique, elle vient d'acheter son cinquième computer. **RÉPONSE :** .......................................

5. Le cours de rattrapage a été cédulé pour le 10 avril.

   **RÉPONSE :** .......................................

6. On demande un vendeur agressif au magasin de chaussures.

   **RÉPONSE :** .......................................

7. J'ai égaré l'addresse de mon ami François.

   **RÉPONSE :** .......................................

8. J'ai l'impression que ce poste de radio répète les mêmes airs à l'année longue. **RÉPONSE :** .......................................

9. Antoine va monter son spectacle s'il obtient le support financier de son père. **RÉPONSE :** .......................................

10. Il lui reste une balance de 55 $ dans son compte en banque.

    **RÉPONSE :** .......................................

**RAPPEL**

Un anglicisme est un mot, une expression, une construction, une orthographe ou un sens propre à la langue anglaise.

**POUR EN SAVOIR PLUS,** CONSULTER LE TABLEAU ▶ANGLICISMES AU *MULTIDICTIONNAIRE* OU DANS *LA NOUVELLE GRAMMAIRE EN TABLEAUX.*

13

L'élision est le remplacement d'une voyelle finale par une apostrophe ('). Les mots qui commencent par un *h* commandent ou non l'élision selon que le *h* est muet (*l'histoire*) ou aspiré (*le harnais*).

« – Dis, Papa, pourquoi
on dit pas des zaricots?
– Des quoi?
– Ben des zaricots. [...]
– Quand tu seras grand,
on t'expliquera que
ça s'écrit comme ça,
pour qu'on le
prononce comme ça.
– C'est comme les Zollandais?
– On dit les Hollandais.
– Et les zognons?
– Oui, les oignons. »

**Dis, Papa...**
Pierre Wyvekens
Didier Hatier, 1986.

**EXERCICE 6**

**Écrire *le*, *la* ou *l'*, selon le cas.**

1. On a transporté le blessé à l....... hôpital le plus près.

2. L....... huître est souvent récoltée à la drague.

3. Le cuisinier regarde par l....... hublot du four, mais trop tard, la tarte est carbonisée!

4. L....... homard des Îles-de-la-Madeleine est très apprécié.

5. Luc a mis le pied sur l....... haricot tombé sous la table.

6. Karl parle l..... hollandais, l....... Hollande est son pays de naissance.

7. Tous les ballons achetés pour son anniversaire ont été gonflés à l....... hélium.

8. Il faut éviter de jeter de l....... huile sur le feu.

9. L'inondation a détruit l....... herbier du jeune botaniste.

10. L....... hérisson est un mammifère couvert de piquants.

**POUR EN SAVOIR PLUS**, CONSULTER LES TABLEAUX ►**H MUET ET H ASPIRÉ** ►**ÉLISION** AU *MULTIDICTIONNAIRE* OU DANS *LA NOUVELLE GRAMMAIRE EN TABLEAUX*.

**7** **Entourer et corriger le barbarisme contenu dans chacune des phrases suivantes.**

1. La piqûre du scorpion est venimeuse et douleureuse.

   RÉPONSE : .........................................

2. Après la fête, la maison était sans dessus dessous.

   RÉPONSE : .........................................

3. C'est un individu assez frustre; en fait, c'est un rustre.

   RÉPONSE : .........................................

4. Max pense qu'il a des dons d'hynoptiseur.

   RÉPONSE : .........................................

5. Une fois le gâteau refroidi, soupoudrer de sucre à glacer.

   RÉPONSE : .........................................

6. Le mot *cinématographe* a été abrévié en *cinéma*.

   RÉPONSE : .........................................

7. Les coureurs se sont enlignés sur la ligne de départ.

   RÉPONSE : .........................................

8. Il est arrivé à l'aréoport juste à temps.

   RÉPONSE : .........................................

9. Je cherche un travail mieux rénuméré.

   RÉPONSE : .........................................

10. La cascadeuse fait un métier bien dangeureux.

    RÉPONSE : .........................................

L'accord des participes passés n'est pas un jeu de hasard, il répond à quelques règles simples et parfois un peu compliquées... comme dans l'exercice ci-contre.

## 8   Faire l'accord des participes passés du verbe *passer*.

1. Jusqu'ici, sa mère s'est passé....... de lui.

2. J'ai lu la revue que Jean a passé....... à Liette.

3. Sa dette est passé....... de 60 à 80 dollars.

4. Ils se sont passé....... les réponses de l'examen de français.

5. Maria a passé....... la journée à se plaindre.

6. Elles se sont passé....... de manger.

7. Passé....... huit heures, les portes du gymnase seront fermées.

8. L'étudiante est passé....... prendre un livre à la bibliothèque.

9. Il a fait un voyage inoubliable, mais toutes ses économies y ont passé.......

10. Il s'en est passé....... des choses depuis son départ.

**POUR EN SAVOIR PLUS,** CONSULTER L'ARTICLE **PASSER** AU *MULTIDICTIONNAIRE* AINSI QUE LES TABLEAUX ► **PARTICIPE PASSÉ** ► **PRONOMINAUX** ► **VERBE** AU *MULTIDICTIONNAIRE* OU DANS *LA NOUVELLE GRAMMAIRE EN TABLEAUX.*

**Est-ce *ce, se, ces, ses, c'est* ou *s'est*?**

1. .............. au mois d'avril que .............. incidents sont arrivés.

2. .............. fruits sont un peu trop mûrs à mon goût.

3. .............. elle ou .............. nous, choisis!

4. Elle .............. souvenue de lui.

5. Il .............. serait procuré .............. disque la semaine dernière.

6. .............. clair, il me semble, .............. skis-là sont à lui.

7. La lionne rassemble .............. petits dès que quelqu'un

   s'approche.

8. Mon chat court .............. cacher dès qu'il entend le bruit de

   l'aspirateur.

9. .............. enfants qui jouent là-bas lui rappellent .............. petits-

   enfants.

10. Toute sa vie, Gandhi .............. fait le défenseur de l'égalité des

    droits entre les hommes.

**POUR EN SAVOIR PLUS,** CONSULTER LES TABLEAUX ▸ **DÉTERMINANT** ▸ **PRONOM** AU *MULTIDICTIONNAIRE* OU DANS *LA NOUVELLE GRAMMAIRE EN TABLEAUX*.

**17**

Les déterminants numéraux (qui indiquent la quantité) *vingt* et *cent* prennent la marque du pluriel s'ils sont multipliés par un nombre et s'ils ne sont pas suivis d'un autre déterminant de nombre. *Deux cents femmes.* Quand ils sont adjectifs ordinaux (qui indiquent l'ordre, le rang), *vingt* et *cent* sont invariables. *La page deux cent.*

Dans les expressions numérales composées, le trait d'union s'emploie entre les éléments inférieurs à *cent*, excepté si ces éléments sont joints par la conjonction *et*. *Cent deux. Trente-trois. Vingt et un.* (Voir NOTE à la fin du corrigé, page 69.)

**Faire l'accord ou non de *vingt* et *cent* dans les expressions numérales soulignées. Ajouter, au besoin, les traits d'union.**

1. Un livre publié en l'année <u>mille huit cent.......</u>

2. Le dernier chiffre est illisible : est-ce <u>cent....... trente et un</u> ou <u>cent....... trente sept</u>?

3. Le retraité de <u>quatre vingt.......</u> ans habite une maison qui a <u>quatre vingt....... douze</u> ans.

4. La députée a lu les <u>cent.......</u> premières pages du rapport.

5. Le comité a vendu <u>deux cent....... quatre vingt....... deux</u> billets pour le tirage.

6. Le mille-pattes est vantard, il n'a en réalité que <u>vingt....... et une</u> paires de pattes!

7. Une des épreuves du décathlon est le <u>quatre cent.......</u> mètres.

8. <u>Deux cent....... millions</u> de dollars en petites coupures, c'est long à compter!

9. J'ai encore <u>quatre vingt.......</u> pages à lire avant d'arriver à la page <u>quatre vingt.......</u>

10. Gagner <u>mille cent.......</u> dollars ou <u>onze cent.......</u> dollars, lequel est le plus avantageux?

**POUR EN SAVOIR PLUS,** CONSULTER LES TABLEAUX ▶ **NUMÉRAL ET ADJECTIF ORDINAL (DÉTERMINANT)** ▶ **NOMBRES** AU *MULTIDICTIONNAIRE* OU DANS *LA NOUVELLE GRAMMAIRE EN TABLEAUX* ET LES ARTICLES **CENT** ET **VINGT** AU *MULTIDICTIONNAIRE*.

18

**11** **Qui a raison, X ou Y? Pourquoi?**

**1.** X – Mon oiseau préféré est l'oiseau-mouche.

Y – Moi, je préfère le colibri, c'est plus joli.

QUI A RAISON ET POURQUOI? ..........................................................................

............................................................................................................................

**2.** X – Mon voisin croasse comme un corbeau quand il est

mécontent.

Y – Tu veux probablement dire qu'il coasse.

QUI A RAISON ET POURQUOI? ..........................................................................

............................................................................................................................

**3.** X – Les ours hibernent en hiver.

Y – Je crois plutôt que les ours hivernent en hiver.

QUI A RAISON ET POURQUOI? ..........................................................................

............................................................................................................................

**4.** X – En entrant dans la caverne, j'ai été ébloui par le nombre

de stalagmites.

Y – On dit stalagtites, pas stalagmites!

QUI A RAISON ET POURQUOI? ..........................................................................

............................................................................................................................

**5.** X – Ma sœur et moi, nous avons vu une étoile filante hier.

Y – Tu es sûr? Ta sœur m'a dit que vous aviez vu un météore.

QUI A RAISON ET POURQUOI? ..........................................................................

............................................................................................................................

**POUR EN SAVOIR PLUS,** CONSULTER LES MOTS MENTIONNÉS AU *MULTIDICTIONNAIRE* AINSI QUE LES TABLEAUX ▸**HOMONYMES** ▸**PARONYMES** ▸**SYNONYMES** AU *MULTIDICTIONNAIRE* OU DANS *LA NOUVELLE GRAMMAIRE EN TABLEAUX*.

Une bonne orthographe, c'est beaucoup d'attention... et beaucoup de mémoire.

## 12 Ajouter, selon le cas, *i* ou *y*.

1. Le c.......cl.......ste vérifie la jante de sa b.......c.......clette.

2. Le p.......que-n.......que est annulé parce que la directrice souffre d'une ot.......te.

3. Pan.......que! Un p.......thon s'est échappé!

4. Le n.......trate d'argent est un produit caust.......que.

5. Au musée, on expose un tr.......pt.......que d'un peintre espagnol.

6. La soprano l.......r.......que souffre d'une lar.......ng.......te.

7. Chaque fois que le camion passait dans un nid-de-poule, la n.......trogl.......cér.......ne menaçait de sauter.

8. Ce nouvel édifice est un vrai lab....r....nthe.

9. Albert Einstein a reçu le prix Nobel de ph.......s.......que en 1921.

10. Le drapeau du Québec, le fleurdel.......sé, porte quatre fleurs de l.......s.

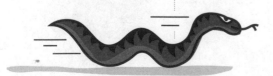

**Le son *or* [ɔr] peut se transcrire de bien des façons :
par exemple *-or, -ord, -ords, -ore, -ors, -ort, -aure*.
Compléter les mots suivants dont la finale correspond
au son *or*.**

RAPPEL

Sont homophones
des mots (*ver, vert,
verre...*), des lettres
(*v, au...*) ou des
syllabes (*oie, oi...*)
qui ont la même
prononciation, sans
avoir le même sens ou
la même orthographe.

1. Nestor a pris son ess........., mais il a eu t..........

2. Le frère Marie-Victorin, m.......... à Saint-Hyacinthe en 1944,

   a écrit *La Fl.......... laurentienne.*

3. Son voisin, qui a une voix de stent.........., est un vrai

   matam..........

4. Ne me t.......... pas le bras et s..........!

5. Le cultivateur a enc.......... acheté deux p..........

6. Si tu s.........., préviens-moi, même si je d..........

7. Cette amulette en forme de dinos.......... protège du

   mauvais s..........

8. Le bateau est arrivé à bon p.........., après avoir tourné à bâb..........

9. Attention au labrad.........., il m..........!

10. Je préfère les « mille sab..........! » du capitaine Haddock aux

    vocalises de la Castafiore.

**POUR EN SAVOIR PLUS,** CONSULTER LE TABLEAU ▸ **HOMONYMES** AU *MULTIDICTIONNAIRE* OU DANS *LA NOUVELLE
GRAMMAIRE EN TABLEAUX.*

21

**EXERCICE 14**

## Entourer et corriger l'anglicisme contenu dans chacune des phrases.

1. Marie a acheté une filière pour ranger ses dossiers.

   RÉPONSE : ...........................................

2. Alain est très versatile : il fait de la photo, de la musique et il écrit des romans.

   RÉPONSE : ...........................................

3. Luc a servi des avocados avec une vinaigrette et un cheddar.

   RÉPONSE : ...........................................

4. Dès que sa voiture fait le moindre petit bruit, Pierre ouvre le hood ! RÉPONSE : ...........................................

5. Si on se mettait à deux pour faire le travail, on sauverait du temps. RÉPONSE : ...........................................

6. Le conférencier a mis l'emphase sur le manque d'intérêt des élèves pour la récupération.

   RÉPONSE : ...........................................

7. À date, ma sœur a épargné 90 $.

   RÉPONSE : ...........................................

8. Louise a donné du change au clochard.

   RÉPONSE : ...........................................

9. Dû à une grosse grippe, Rock a manqué deux cours hier.

   RÉPONSE : ...........................................

10. Il a payé son vélo 200 $ cash.

    RÉPONSE : ...........................................

**POUR EN SAVOIR PLUS,** CONSULTER LES MOTS MENTIONNÉS AU *MULTIDICTIONNAIRE* AINSI QUE LE TABLEAU ▶ **ANGLICISMES** AU *MULTIDICTIONNAIRE* OU DANS *LA NOUVELLE GRAMMAIRE EN TABLEAUX.*

**Quelle est la langue d'origine (arabe, grec, italien, latin) des mots soulignés?**

RAPPEL

L'étymologie est l'origine d'un mot. En français, une grande partie des mots que nous utilisons ont été empruntés, par exemple, à l'italien, à l'arabe, au latin et au grec.

1. À l'entrée du <u>magasin</u>, on peut admirer un superbe <u>kaléidoscope</u>.

   RÉPONSE : .................................. RÉPONSE : ..................................

2. C'est une des rares personnes à faire de l'<u>algèbre</u> en <u>dilettante</u>.

   RÉPONSE : .................................. RÉPONSE : ..................................

3. Son gâteau à l'<u>orange</u> est un véritable <u>fiasco</u>.

   RÉPONSE : .................................. RÉPONSE : ..................................

4. Une note dans le <u>lexique</u> explique l'origine du <u>zéro</u>.

   RÉPONSE : .................................. RÉPONSE : ..................................

5. Les champions <u>olympiques</u> mangent-ils des <u>épinards</u>?

   RÉPONSE : .................................. RÉPONSE : ..................................

6. En annonçant le résultat du <u>référendum</u>, il a eu des <u>trémolos</u> dans la voix.

   RÉPONSE : .................................. RÉPONSE : ..................................

7. Son <u>déficit</u> budgétaire est si énorme, qu'il souhaite devenir <u>amnésique</u> pour oublier tout ça.

   RÉPONSE : .................................. RÉPONSE : ..................................

8. Le présumé <u>assassin</u> a un très bon <u>alibi</u>.

   RÉPONSE : .................................. RÉPONSE : ..................................

9. Mon voisin, qui est <u>sténographe</u> à la cour, écrit des <u>scénarios</u>.

   RÉPONSE : .................................. RÉPONSE : ..................................

10. L'élève a noté dans son <u>agenda</u> la date de l'examen de <u>grammaire</u>.

    RÉPONSE : .................................. RÉPONSE : ..................................

**POUR EN SAVOIR PLUS,** CONSULTER LES TABLEAUX ►ARABE (EMPRUNTS À L') ►GREC (EMPRUNTS AU) ►ITALIEN (EMPRUNTS À L') ►LATIN (EMPRUNTS AU) AU *MULTIDICTIONNAIRE* OU DANS *LA NOUVELLE GRAMMAIRE EN TABLEAUX.*

Un nom peut être sujet du verbe *(l'enfant rit)*; complément du verbe *(aimer les pommes)*, du nom *(une feuille de papier)*, de l'adjectif *(contente de son sort)*; attribut du sujet *(cet homme est mon père)*...

## Les noms soulignés sont-ils sujets, compléments (du verbe, du nom, de l'adjectif...) ou attributs?

**1.** L'<u>imprimerie</u> s'est développée au XVI<sup>e</sup> siècle.

RÉPONSE : ........................................

**2.** Il se souvient avec plaisir des <u>vacances</u> qu'il a passées à Gaspé.

RÉPONSE : ........................................

**3.** Le hérisson dresse ses <u>piquants</u> quand il a peur.

RÉPONSE : ........................................

**4.** Les moines travaillent en <u>silence</u>.

RÉPONSE : ........................................

**5.** Le panda est un <u>mammifère</u>.

RÉPONSE : ........................................

**6.** Le plumage du <u>cormoran</u> est perméable; il ne peut rester longtemps dans l'eau.

RÉPONSE : ........................................

**7.** Inutile de tout me raconter, c'est à ton <u>père</u> que tu dois en parler.

RÉPONSE : ........................................

**8.** Michel a rangé *L'Île au trésor* dans sa <u>bibliothèque</u>.

RÉPONSE : ........................................

**9.** La nouvelle diplômée est fière de ses <u>résultats</u>.

RÉPONSE : ........................................

**10.** C'est le 6 mai 1994 qu'a été inauguré le <u>tunnel</u> sous la Manche.

RÉPONSE : ........................................

**POUR EN SAVOIR PLUS,** CONSULTER LES TABLEAUX ▸**ATTRIBUT** ▸**COMPLÉMENT** ▸**SUJET** AU *MULTIDICTIONNAIRE* OU DANS *LA NOUVELLE GRAMMAIRE EN TABLEAUX.*

**Ponctuer le texte suivant, en ajoutant les majuscules au besoin.**

1. Les chats le chien le lapin et les poissons rouges font bon ménage chez Marc en revanche seuls les hamsters sont les bienvenus chez Carlos

2. Mon sac est plein de crayons règles agrafeuse etc

3. Parce que le son se déplace moins vite que la lumière on voit l'éclair avant d'entendre le tonnerre

4. Près de l'école se trouve une papeterie je crois qu'il s'agit plutôt d'une pharmacie

5. Les quatre pierres précieuses sont le diamant le saphir l'émeraude et le rubis

6. Luc donne-moi ce crayon immédiatement

7. Je me demande si je dois aller ou non à la réunion est-ce que tu y vas toi

8. La pianiste est très douée mais son interprétation manque de finesse

9. Le watt dont le symbole est W est une unité de mesure de puissance

10. Il n'aime ni le travail ni les vacances

**POUR EN SAVOIR PLUS,** CONSULTER LE TABLEAU ▶**PONCTUATION** AU *MULTIDICTIONNAIRE* OU DANS *LA NOUVELLE GRAMMAIRE EN TABLEAUX.*

2 5

Le trait d'union (-) sert, entre autres usages, à unir les éléments de mots composés (*abat-jour*), à lier des formes verbales inversées (*dis-moi*), à joindre certains éléments démonstratifs (*ce livre-ci*)...

EXERCICE

**18** Ajouter les traits d'union, s'il y a lieu.

1. L'auberge est à 2 kilomètres, crois tu que nous pourrons aller jusque là?

2. Tu as tout à fait raison, je vais rectifier cette erreur sur le champ.

3. Va t il partir bientôt?

4. Si tu n'as plus besoin du dictionnaire, donne le moi, s'il te plaît.

5. Te souviens tu de ce jour là?

6. C'est là, sur cette île, que nous passerons la fin de semaine.

7. Vas y sans crainte, tu réussiras.

8. Pourrais je avoir le journal, demanda t il?

9. Prend il soin de lui au moins?

10. Y a t il moyen de passer par ce chemin?

**POUR EN SAVOIR PLUS,** CONSULTER LES TABLEAUX ▸ **LE, LA, LES, PRONOMS PERSONNELS** ▸ **TRAIT D'UNION** AU *MULTIDICTIONNAIRE* OU DANS *LA NOUVELLE GRAMMAIRE EN TABLEAUX.*

**UN MOT est mal orthographié dans chacune des phrases suivantes. Dans chaque cas, il s'agit de supprimer UNE SEULE LETTRE pour rectifier l'orthographe. Entourer le mot erroné et donner l'orthographe correcte.**

1. L'ambiguïté est un manque de clairté.

   RÉPONSE : ..........................................

2. J'ai acheté un balais chez le quincaillier.

   RÉPONSE : ..........................................

3. L'affaire se concluera à la mairie.

   RÉPONSE : ..........................................

4. Dès que la conférencière saluera la foule, tu t'asseoiras.

   RÉPONSE : ..........................................

5. Donnez-moi vos coordonnées sans délais.

   RÉPONSE : ..........................................

6. *Prendre le relais* signifie « reprendre le flambeaux ».

   RÉPONSE : ..........................................

7. Ma lettre a été tirée au sort parmis tout le courrier reçu.

   RÉPONSE : ..........................................

8. Quelle féerie, ce champs de marguerites!

   RÉPONSE : ..........................................

9. Son seul remords est d'avoir tu la véritée.

   RÉPONSE : ..........................................

10. Il a monté son coup à l'insue de tous.

    RÉPONSE : ..........................................

**POUR EN SAVOIR PLUS,** CONSULTER L'ARTICLE **ORTHOGRAPHE** AU *MULTIDICTIONNAIRE* ET LE TABLEAU
▸ **ANOMALIES ORTHOGRAPHIQUES** AU *MULTIDICTIONNAIRE* OU DANS *LA NOUVELLE GRAMMAIRE EN TABLEAUX.*

27

Un verbe à l'infinitif est un verbe qui n'est pas conjugué, il exprime une idée d'action ou d'état sans indication de personne ni de nombre. Ainsi, *peux, pourrai, pouvait* sont des formes conjuguées de l'infinitif *pouvoir*.

## 20 Donner l'infinitif des verbes soulignés.

**1.** Elle <u>hait</u> les uniformes.

RÉPONSE : ......................................

**2.** Elles <u>sauront</u> tout demain.

RÉPONSE : ......................................

**3.** Elle <u>s'est tue</u> aussitôt.

RÉPONSE : ......................................

**4.** Nous <u>irons</u> à la piscine.

RÉPONSE : ......................................

**5.** Il <u>faudrait</u> travailler fort pour surpasser Myriam.

RÉPONSE : ......................................

**6.** Un coin de terre où <u>croissent</u> les arbres et les plantes.

RÉPONSE : ......................................

**7.** L'explorateur Samuel de Champlain <u>fonda</u> Québec en 1608.

RÉPONSE : ......................................

**8.** Avant, ma sœur <u>moulait</u> son café chaque matin.

RÉPONSE : ......................................

**9.** Le bébé <u>faillit</u> renverser sa soupe.

RÉPONSE : ......................................

**10.** Elle <u>aurait été</u> contente de te rencontrer.

RÉPONSE : ......................................

**POUR EN SAVOIR PLUS,** CONSULTER LES VERBES MENTIONNÉS AU *MULTIDICTIONNAIRE* AINSI QUE LE TABLEAU
► INFINITIF AU *MULTIDICTIONNAIRE* OU DANS *LA NOUVELLE GRAMMAIRE EN TABLEAUX.*

**21** **Chaque couple de mots entre crochets diffère par une seule lettre; entourer le mot qui convient.**

RAPPEL

« Un seul être vous manque et tout est dépeuplé » a écrit le poète Lamartine. De même on peut dire qu'une seule lettre diffère et tout est transformé, comme dans le cas des paronymes (mots qui présentent des ressemblances d'orthographe et de prononciation, sans avoir le même sens).

1. Les chefs d'État ont signé un traité [prescrivant, proscrivant] les armes nucléaires.

2. Le phoque faisait tourner le ballon avec [habileté, habilité].

3. Le témoin a tenté [d'enduire, d'induire] le jury en erreur.

4. La Banque du Canada est chargée [d'émettre, d'omettre] les billets de banque.

5. Les gens de ce village sont [solidaires, solitaires], ils ont organisé une corvée pour aider la famille sinistrée.

6. Le bébé contagieux a été mis à l'écart pour ne pas [infecter, infester] d'autres enfants.

7. Le magistrat a prononcé une [allocation, allocution] plutôt minable.

8. Un arbitre a été demandé pour régler le [différend, différent].

9. L'ouvrier a [affilé, effilé] son couteau.

10. Nos supporters [exaltaient, exultaient] de nous voir si près de la ligne d'arrivée.

**POUR EN SAVOIR PLUS,** CONSULTER LES MOTS MENTIONNÉS AU *MULTIDICTIONNAIRE* AINSI QUE LE TABLEAU ►**PARONYMES** AU *MULTIDICTIONNAIRE* OU DANS *LA NOUVELLE GRAMMAIRE EN TABLEAUX.*

2 9

Sont homophones des mots *(ver, vert, verre...)*, des lettres *(o, au...)* ou des syllabes *(oie, oi...)* qui ont la même prononciation, sans avoir le même sens ou la même orthographe.

**22**

**Le son *ar* [ar] peut se transcrire de bien des façons : par exemple *-ar, -ard, -ars, -art*. Compléter les mots suivants dont la finale correspond au son *ar*.**

1. Un petit chien bât.......... s'est installé dans un coin du b..........

2. Certains aiment les fèves au l.........., d'autres préfèrent le steak tart..........

3. Au Québec, on appelle familièrement prél.......... ce qui est un linoléum.

4. Yves était en pét.......... quand il a découvert le canul..........

5. Mon cousin et son frère rép.......... les ch.......... du défilé.

6. Abdel a vu un nénuph....... flottant dans une j.......... à l'entrée du baz..........

7. Il marche en can.........., mais ça ne l'empêche pas de faire le j..........

8. On appelle têt.......... ou grenouillette le petit de la grenouille.

9. Le léz.......... se chauffe le dos au soleil, puis il p..........

10. Ce vant.......... a été traité avec beaucoup trop d'ég..........

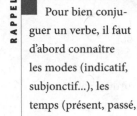

Conjuguer les verbes selon les consignes données entre crochets.

**RAPPEL** Pour bien conjuguer un verbe, il faut d'abord connaître les modes (indicatif, subjonctif...), les temps (présent, passé, futur...), sans oublier les règles d'accord du verbe.

1. Christophe Colomb [**partir** - indicatif - passé simple] d'Espagne le 3 août 1492. RÉPONSE : ........................................

2. Les couleurs de l'arc-en-ciel [**aller** - indicatif - présent] du rouge au violet. RÉPONSE : ........................................

3. Qui a dit « Je vous [**répondre** - indicatif - futur] par la bouche de mes canons »? RÉPONSE : ........................................

4. Si nous [**savoir** - indicatif - plus-que-parfait], nous serions venus avant. RÉPONSE : ........................................

5. Attention les enfants, ne [**faire** - impératif - présent] pas de mal à la mouffette, elle risquerait de riposter!

   RÉPONSE : ........................................

6. L'hôte et l'hôtesse voulaient absolument que nous [**reprendre** - subjonctif - présent] de tous les plats.

   RÉPONSE : ........................................

7. Qu'elle soit bonne ou mauvaise, il faut que vous [**savoir** - subjonctif - présent] la vérité. RÉPONSE : ........................................

8. Patrick [**devoir** - indicatif - passé composé] refaire son exercice deux fois. RÉPONSE : ........................................

9. J'ai bien peur qu'il [**courir** - subjonctif - présent] deux lièvres à la fois. RÉPONSE : ........................................

10. Il se fit un grand silence quand on [**annoncer** - indicatif - passé simple] le numéro gagnant.

    RÉPONSE : ........................................

« Verbe *fumer*
je fume,
tu fumes,
il tousse,
nous toussons,
vous toussez,
ils s'arrêtent
de fumer. »

**L'ivre de Français**
Pef
Gallimard, 1986.

**POUR EN SAVOIR PLUS,** CONSULTER LES TABLEAUX ▶**SUJET** ▶**VERBE** AU *MULTIDICTIONNAIRE* OU DANS *LA NOUVELLE GRAMMAIRE EN TABLEAUX.*

31

Un anglicisme est un mot, une expression, une construction, une orthographe ou un sens propre à la langue anglaise.

**EXERCICE 24**

**Entourer et corriger l'anglicisme contenu dans chacune des phrases.**

**1.** Dans la cuisine, nous mettrons un beau réfrigérateur avocado.

RÉPONSE : ...........................................

**2.** La pièce a été recouverte d'un tapis mur à mur turquoise.

RÉPONSE : ...........................................

**3.** Le caissier a mis mon livret de banque à date.

RÉPONSE : ...........................................

**4.** Au cinéma, j'ai vu les previews du dernier film de Tom Cruise.

RÉPONSE : ...........................................

**5.** Pour s'inscrire à la course, il faut compléter un questionnaire.

RÉPONSE : ...........................................

**6.** Après l'inondation, il a fallu remplacer le bol de toilette.

RÉPONSE : ...........................................

**7.** Méfions-nous du fast-food, il s'agit bien souvent de « néfaste-food ». RÉPONSE : ...........................................

**8.** Le terrain de volley-ball mesure 9 mètres par 18 mètres.

RÉPONSE : ...........................................

**9.** Ma cousine est partie depuis Noël, je la manque beaucoup.

RÉPONSE : ...........................................

**10.** Mon cours de théâtre a été cancellé, je vais m'inscrire en marketing. RÉPONSE : ...........................................

**POUR EN SAVOIR PLUS,** CONSULTER LE TABLEAU ►ANGLICISMES AU *MULTIDICTIONNAIRE* OU DANS *LA NOUVELLE GRAMMAIRE EN TABLEAUX.*

**Rectifier au besoin les accords des verbes soulignés.**

1. <u>Irai</u>-vous à la campagne cet été?

   RÉPONSE : ..............................................

2. Au cinéma, on <u>présente</u> deux films de Charlie Chaplin.

   RÉPONSE : ..............................................

3. La réussite ou l'échec l'<u>attendent</u> à la fin de l'épreuve.

   RÉPONSE : ..............................................

4. C'est une vraie épidémie, on dirait que tout le monde <u>sont</u>

   malade. RÉPONSE : ..............................................

5. C'est l'espagnol qu'<u>étudie</u> Line et François.

   RÉPONSE : ..............................................

6. C'est toi qui l'<u>accompagnera</u> à la fête?

   RÉPONSE : ..............................................

7. Pierre, Luc, Marie, bref toute ma famille <u>habite</u> rue Martin.

   RÉPONSE : ..............................................

8. Il <u>existe</u> au moins 24 ouvrages sur ce sujet.

   RÉPONSE : ..............................................

9. Une tempête, peut-être même un cyclone se <u>préparent</u>.

   RÉPONSE : ..............................................

10. Luc, Martine, Nathalie, Paul et moi <u>viendront</u> à 5 heures.

    RÉPONSE : ..............................................

**POUR EN SAVOIR PLUS,** CONSULTER LE TABLEAU ▶ **SUJET** AU *MULTIDICTIONNAIRE* OU DANS *LA NOUVELLE GRAMMAIRE EN TABLEAUX.*

3 3

Les proverbes, les paroles célèbres, les locutions figées reviennent constamment dans les conversations, mais ils sont souvent mal rapportés, ce qui risque parfois d'en fausser le sens.

**26**

**Dans les expressions suivantes, corriger les mots mal employés ou les constructions fautives.**

1. Chat échaudé craint l'eau chaude.

   RÉPONSE : ........................................

2. La caravane passe, les chiens aboient.

   RÉPONSE : ........................................

3. Il ne faut pas vendre la peau de l'ours avant de l'avoir mangé.

   RÉPONSE : ........................................

4. A beau mentir qui mal étreint.

   RÉPONSE : ........................................

5. Payer rubis sur l'onde.

   RÉPONSE : ........................................

6. Fumer le chalumeau de la paix.

   RÉPONSE : ........................................

7. Découvrir le poteau rose.

   RÉPONSE : ........................................

8. Mener une vie de barreau de chaise.

   RÉPONSE : ........................................

9. Mi-chair mi-poisson.

   RÉPONSE : ........................................

10. Être à prendre avec des pincettes.

    RÉPONSE : ........................................

**Corriger l'erreur d'accord dans chacune des phrases suivantes.**

1. Philippe a les pores de la peau dilatées.

   RÉPONSE : .........................................

2. Qui veulent la fin prend les moyens.

   RÉPONSE : .........................................

3. Jean connaît les prénoms des quatres Dalton.

   RÉPONSE : .........................................

4. Le Bédouin s'est écrié : quel bel oasis!

   RÉPONSE : .........................................

5. On aurait pu faire cuire un œuf sur l'asphalte brûlante.

   RÉPONSE : .........................................

6. C'est Paul ou Pierre qui sont arrivés le premier?

   RÉPONSE : .........................................

7. Julie et François ont été mises sur la mauvaise voie.

   RÉPONSE : .........................................

8. Le concierge leurs a interdit l'accès à l'école.

   RÉPONSE : .........................................

9. Une grosse journée nous attend demain, il vaut mieux se

   coucher tôt. RÉPONSE : .........................................

10. Ces écoliers préfèrent leurs titulaires à celui de la classe voisine.

    RÉPONSE : .........................................

**POUR EN SAVOIR PLUS,** CONSULTER LES TABLEAUX ▶ **GENRE** ▶ **PRONOM** ▶ **SUJET** AU *MULTIDICTIONNAIRE* OU DANS *LA NOUVELLE GRAMMAIRE EN TABLEAUX.*

3 5

La majuscule initiale sert à mettre un nom propre en évidence. Certains noms propres le sont par essence (les noms de personnes par exemple); d'autres sont propres par occasion (notamment les noms géographiques, les noms d'œuvres). On emploie aussi la majuscule au premier mot d'une phrase.

**EXERCICE 28**

**Supprimer ou ajouter les majuscules, s'il y a lieu.**

1. Son ami Australien lui a offert un boomerang.

   RÉPONSE : ...........................................

2. Marcel pèse 81 kg, c'est un Boxeur de poids mi-lourd.

   RÉPONSE : ...........................................

3. Écrivez-moi au 5 de la Rue Fabien.

   RÉPONSE : ...........................................

4. En Novembre, on a souligné l'anniversaire de la mort de

   René Lévesque. RÉPONSE : ...........................................

5. Yan pratique le Bouddhisme.

   RÉPONSE : ...........................................

6. J'ai vu les Montagnes rocheuses.

   RÉPONSE : ...........................................

7. Il a appelé son saint-bernard : Tonton.

   RÉPONSE : ...........................................

8. L'Argentine est un pays de l'Amérique du Sud. c'est un très

   beau pays. RÉPONSE : ...........................................

9. Vérifie ces mots dans un Dictionnaire avant de rendre ton

   travail. RÉPONSE : ...........................................

10. Nous avons raté le train de 10 H 50.

    RÉPONSE : ...........................................

**POUR EN SAVOIR PLUS,** CONSULTER LES TABLEAUX ▸**GÉOGRAPHIQUES (NOMS)** ▸**MAJUSCULES ET MINUSCULES** AU *MULTIDICTIONNAIRE* OU DANS *LA NOUVELLE GRAMMAIRE EN TABLEAUX.*

**Parmi les mots suivants, entourer les cinq noms qui ne se terminent pas par un *s* au singulier.**

un canevas

un concours

une souris

un remords

un paris

un envers

un puits

un semis

un remous

un plis

un devis

un tamis

un surplis

un patois

un temps

un corps

un matelas

un bravos

un rabais

un vers (en poésie)

un hachis

un repas

un radis

un champs

un permis

un sous

un forceps

un poids

un revers

un bras

un compas

un pois

Sont homophones des mots *(ver, vert, verre...)*, des lettres *(o, au...)* ou des syllabes *(oie, oi...)* qui ont la même prononciation, sans avoir le même sens ou la même orthographe.

« Ah pour te dire mon amour
Il me faudrait un long poème
De cent vers tendres
Un vers pour le vert
de tes yeux
Les autres vers à qui
mieux mieux... »

**« Le verset centième »**
**Poèmes et chansons 1**
Georges Dor
L'Hexagone, 1968.

**EXERCICE 30**

**A. À l'aide des homophones** *sang, sens, sans, s'en,* **compléter les phrases suivantes :**

Depuis des mois la chambre d'Éric était .......... dessus dessous, mais Éric ne .......... faisait pas. Jusqu'au jour où il faillit perdre son ..........-froid en se rendant compte qu'il n'arrivait même plus à retrouver Samson, son poisson rouge, dans un tel désordre. Éric décida de s'attaquer au rangement .......... tarder.

**B. À l'aide des homophones** *air, aire, erre, erre (du verbe errer), ère,* **compléter les phrases suivantes:**

1. Elle .......... depuis hier dans l'appartement avec un .......... sombre.

2. Près de la garderie, on a aménagé une .......... de jeu pour les enfants.

3. L'.......... du Verseau a fait beaucoup parler les astrologues.

4. Le navire continuait sur son ..........; le capitaine en profita pour fredonner un petit ..........

**C. À l'aide des homophones** *sou, sous, soûl, soue,* **compléter les phrases suivantes :**

.......... le soleil depuis cinq heures, il se sentait étourdi, presque .......... Quelles vacances! Ce n'était pas la peine d'avoir épargné .......... par .......... pendant toute l'année pour échouer dans une auberge aussi propre qu'une ..........

**D. À l'aide des homophones** *ver, verre, vers, vert,* **compléter la phrase suivante :**

Les yeux tournés .......... le ciel, Gaston récitait des .......... quand, voulant boire une gorgée d'eau, il s'aperçut qu'un .......... s'était glissé dans son .........., qu'il avait posé sur le .......... gazon!

**POUR EN SAVOIR PLUS,** CONSULTER LE TABLEAU ▸ **HOMONYMES** AU *MULTIDICTIONNAIRE* OU DANS *LA NOUVELLE GRAMMAIRE EN TABLEAUX.*

**31** **Faire l'accord des participes passés du verbe *serrer*.**

L'accord des participes passés n'est pas un jeu de hasard, il répond à quelques règles simples et parfois un peu compliquées... comme dans l'exercice ci-contre.

1. Le nouveau-né que ma grand-mère a serré.......... sur son cœur se prénomme Félix.

2. Les étudiants seront serré.......... comme des sardines dans cette petite salle de classe.

3. Les deux chefs d'État se sont serré.......... la main.

4. Les fillettes s'étaient serré.......... l'une contre l'autre pour se réchauffer.

5. Luc a essuyé les assiettes que Marie a serré.......... dans l'armoire.

6. Louise s'est serré.......... la ceinture depuis six mois pour se payer un vélo.

7. Martine a crié de douleur parce que sa sœur lui aurait serré.......... le bras un peu fortement.

8. Jean, Sylvain et Fleurette se sont serré.......... les coudes après la mort de leurs parents.

9. Tous les boulons que l'ouvrier avait serré.......... étaient à resserrer.

10. Les automobilistes ont serré.......... à droite pour éviter la voiture immobilisée.

**POUR EN SAVOIR PLUS,** CONSULTER LES TABLEAUX ▸ **AUXILIAIRE** ▸ **PARTICIPE PASSÉ** ▸ **PRONOMINAUX**
▸ **VERBE** AU *MULTIDICTIONNAIRE* OU DANS *LA NOUVELLE GRAMMAIRE EN TABLEAUX.*

3 9

RAPPEL

Une bonne orthographe, c'est beaucoup d'attention... et beaucoup de mémoire.

EXERCICE **32**

**UN MOT** est mal orthographié dans chacune des phrases suivantes. Dans chaque cas, il s'agit de supprimer **UNE SEULE LETTRE** (toujours la lettre *e*) pour rectifier l'orthographe. Entourer le mot erroné et donner l'orthographe correcte.

1. Il concluera son discours par des remerciements.

   RÉPONSE : ...........................................

2. Je ne crois pas vraiement que tu aies raison.

   RÉPONSE : ...........................................

3. Cette récompense, il l'a souhaitée à l'envie.

   RÉPONSE : ...........................................

4. Les données inutiles ont été exclues avant de commencer l'essaie.

   RÉPONSE : ...........................................

5. Toutes les coordonnées sont notées sur la pièce d'identitée.

   RÉPONSE : ...........................................

6. C'est par une crevasse de la paroie de la grotte qu'on a découvert le macchabée. RÉPONSE : ...........................................

7. Dès son arrivée à Tahiti, il a été séduit par les belles vahinées et le verdoiement de la végétation. RÉPONSE : ...........................................

8. Sa faute à demie avouée remuera sûrement le cœur de son copain. RÉPONSE : ...........................................

9. Elle veut absoluement habiter le rez-de-chaussée, juste à côté de l'entrée. RÉPONSE : ...........................................

10. Bouleversée par la mauvaise nouvelle, elle a fait une poussée d'acnée. RÉPONSE : ...........................................

**Remplacer le mot ou le groupe de mots soulignés par l'abréviation correspondante.**

1. Les défenses d'éléphant atteignent 3,50 <u>mètres</u> chez certaines espèces. RÉPONSE : .........................................

2. Consulter le <u>chapitre</u> 2 de la <u>page</u> 40.

   RÉPONSE : .................................... .........................................

3. Les prix Nobel de la paix 1957 et 1983 ont été attribués à <u>messieurs</u> Lester Pearson et Lech Walesa respectivement.

   RÉPONSE : .........................................

4. Adressez votre demande à la <u>case postale</u> 60.

   RÉPONSE : .........................................

5. Dans un <u>centimètre cube</u> d'eau, il y a des milliards de milliards de molécules. RÉPONSE : .........................................

6. Il a étudié la guitare, le piano, le violon, *et cætera*; on peut dire qu'il connaît la musique!

   RÉPONSE : .........................................

7. La livraison se fera dans 10 jours, <u>c'est-à-dire</u> le 2 septembre.

   RÉPONSE : .........................................

8. La mention 1,5 sur une pile électrique signifie qu'il existe une tension de 1,5 <u>volt</u> entre les deux pôles de la pile.

   RÉPONSE : .........................................

9. L'épreuve a duré 2 <u>heures</u> 25 <u>minutes</u> 24 <u>secondes</u> exactement.

   RÉPONSES : ...................... ...................... ......................

10. À 0 <u>degré Celsius</u>, la glace fond.

    RÉPONSE : .........................................

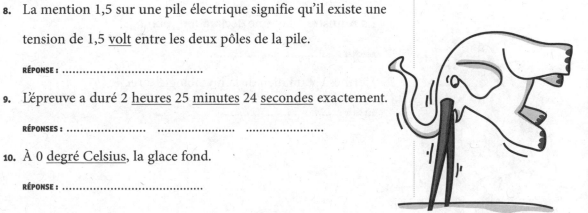

**POUR EN SAVOIR PLUS,** CONSULTER LE TABLEAU ▸ **ABRÉVIATION (RÈGLES DE L')** AU *MULTIDICTIONNAIRE* OU DANS *LA NOUVELLE GRAMMAIRE EN TABLEAUX.*

41

Le féminin des adjectifs se forme généralement par l'ajout d'un *e*, mais généralement ne veut pas dire tout le temps...

**34** Faire l'accord des adjectifs entre crochets.

1. C'est une erreur [bénin], elle sera vite réparée.

   RÉPONSE : ........................................

2. La chatte [angora] a laissé ses longs poils soyeux sur le canapé.

   RÉPONSE : ........................................

3. L'approche des examens la rend très [inquiet].

   RÉPONSE : ........................................

4. Cette chemise est [cher] ; d'ailleurs tous les vêtements coûtent cher dans cette boutique.

   RÉPONSE : ........................................

5. Lise est une femme [rigolo].

   RÉPONSE : ........................................

6. L'abricot sec est un ingrédient courant de la cuisine [turc].

   RÉPONSE : ........................................

7. La tortue est un peu [lambin], mais elle arrive quand même à temps. RÉPONSE : ........................................

8. Mariette est plutôt [snob] depuis qu'elle a été nommée présidente. RÉPONSE : ........................................

9. La ministre a fait une déclaration [public].

   RÉPONSE : ........................................

10. Hermès est un dieu de la mythologie [grec].

    RÉPONSE : ........................................

EXERCICE **35**

**Remplacer la préposition *sur*, qui est mal utilisée dans les phrases suivantes, par la préposition ou formulation correcte.**

**1.** J'ai lu ton article sur le journal.

RÉPONSE : .........................................

**2.** On lui a demandé de siéger sur un comité.

RÉPONSE : .........................................

**3.** Ils se sont rencontrés sur l'avion.

RÉPONSE : .........................................

**4.** Elle a croisé sa copine sur la rue.

RÉPONSE : .........................................

**5.** J'étais sur l'impression que tu viendrais plus tôt.

RÉPONSE : .........................................

**6.** Mon cousin travaille sur une ferme pendant l'été.

RÉPONSE : .........................................

**7.** Après la course, elle s'est assise sur le fauteuil.

RÉPONSE : .........................................

**8.** Elle a passé la journée sur le téléphone.

RÉPONSE : .........................................

**9.** Elle est sur les pilules depuis trois mois.

RÉPONSE : .........................................

**10.** Je vais vous rappeler sur ça.

RÉPONSE : .........................................

**POUR EN SAVOIR PLUS,** CONSULTER L'ARTICLE **SUR** AU *MULTIDICTIONNAIRE* AINSI QUE LE TABLEAU ▶ **PRÉPOSITION** AU *MULTIDICTIONNAIRE* OU DANS *LA NOUVELLE GRAMMAIRE EN TABLEAUX.*

4 3

Est-ce *quel*, *quelle* (déterminants interrogatifs ou exclamatifs), *quel que*, *quelle que* (déterminants relatifs), *quelque* (déterminant indéfini), *quelque* (adverbe) ou même *qu'elle*, *qu'elles* (formes élidées de la conjonction ou du pronom *que* et les pronoms personnels *elle*, *elles*)?

**36**

**Écrire la forme correcte :** *quel, quelle, quel que, quelle que, quelque, qu'elle* ou *qu'elles*, **sans oublier de faire les accords nécessaires.**

1. Noémi ne sait plus .................... gentillesses inventer pour plaire à son ami.

2. .................... belle soirée!

3. .................... soit la température, nous irons au Planétarium demain.

4. Il y avait .................... 5000 personnes au spectacle.

5. .................... heure est-il?

6. Je connais toutes les chansons .................... a chantées.

7. .................... personnes seulement sont venues à la fête.

8. .................... viennent ou non ne changera pas ma décision.

9. .................... soient ton enthousiasme et ta joie, il faudra attendre la confirmation des résultats.

10. Line avait .................... vingt-cinq ans quand je l'ai connue.

**POUR EN SAVOIR PLUS,** CONSULTER LES TABLEAUX ▸QUE, CONJONCTION DE SUBORDINATION ▸QUE, PRONOM ▸QUEL ▸QUELQUE AU *MULTIDICTIONNAIRE* OU DANS *LA NOUVELLE GRAMMAIRE EN TABLEAUX.*

**37** **Associer le mot (représenté par un chiffre) et la bonne définition (représentée par une lettre).**

► 1. coût  2. cou  3. coup  4. coud

A. Choc brutal.

B. Partie du corps utile quand on veut vérifier si on a bien la tête sur les épaules.

C. Forme conjuguée d'un verbe qui décrit l'activité de la couturière, du chirurgien ou du relieur.

D. Prix (parfois aussi un choc brutal quand on nous l'annonce!).

RÉPONSES : 1 et ....    2 et ....    3 et ....    4 et ....

► 1. seau  2. sot  3. saut  4. sceau

A. Insulte (toujours injustifiée quand elle nous est adressée!).

B. Récipient qui peut contenir de l'eau viciée, une bouteille de champagne, autre chose ou rien du tout.

C. Cachet, marque utilisée pour sceller un document ou authentifier un acte notarié.

D. Mouvement dont on mesure la hauteur quand il est olympique.

RÉPONSES : 1 et ....    2 et ....    3 et ....    4 et ....

► 1. où  2. houx  3. août  4. ou  5. hou!

A. Arbrisseau toujours vert à feuilles piquantes et à fruits rouges, qu'on retrouve à un certain moment de l'année représenté sur des cartes ou du papier d'emballage.

B. Conjonction pratique pour les indécis.

C. Interjection désagréable à entendre quand on est sur une scène.

D. Adverbe qui comble les curieux ou pronom relatif qui signifie « dans lequel, pendant lequel... ».

E. Nom d'une partie de l'année qui revient chaque année... à date fixe.

RÉPONSES : 1 et ....    2 et ....    3 et ....    4 et ....    5 et ....

POUR EN SAVOIR PLUS, CONSULTER LE TABLEAU ► **HOMONYMES** AU *MULTIDICTIONNAIRE* OU DANS *LA NOUVELLE GRAMMAIRE EN TABLEAUX*.

Le mode (indicatif ou subjonctif) de la proposition subordonnée dépend de la conjonction de subordination. Certaines conjonctions *(si...)* ou locutions conjonctives *(même si...)* sont toujours suivies de l'indicatif *(si j'ai tort, dis-le moi).* D'autres conjonctions *(quoique...)* ou locutions conjonctives *(bien que...)* commandent le subjonctif *(bien que j'aie tort, dis-le moi).*

**Conjuguer le verbe entre crochets au présent de l'indicatif ou du subjonctif, selon le cas.**

1. Je m'occuperai de la maison jusqu'à ce que tu [revenir].

   RÉPONSE : ...................................

2. Bien que vous [être] le premier sur la liste, cela ne vous donne pas le droit d'entrer avant les autres.

   RÉPONSE : ...................................

3. Fido a pris l'habitude d'aboyer dès que la sonnette [se faire] entendre. RÉPONSE : ...................................

4. Il lui offrira le repas, à condition que son budget le lui [permettre]. RÉPONSE : ...................................

5. À supposer qu'elle [répondre] favorablement à l'invitation, nous serons cinq. RÉPONSE : ...................................

6. En attendant que notre collègue [guérir], nous assumerons ses fonctions. RÉPONSE : ...................................

7. C'est l'homme le plus gentil du monde, sauf qu'il [mentir].

   RÉPONSE : ...................................

8. La mariée a lancé son bouquet, ainsi que le [vouloir] la coutume.

   RÉPONSE : ...................................

9. Nous irons au Planétarium si le temps le [permettre].

   RÉPONSE : ...................................

10. En admettant que tu [partir] immédiatement, tu as de bonnes chances d'arriver avant eux.

    RÉPONSE : ...................................

**POUR EN SAVOIR PLUS,** CONSULTER LES TABLEAUX ▸ **CONJONCTION DE SUBORDINATION** ▸ **INDICATIF** ▸ **SUBJONCTIF** AU *MULTIDICTIONNAIRE* OU DANS *LA NOUVELLE GRAMMAIRE EN TABLEAUX.*

**Écrire correctement les noms composés.**

1. Dans cette recette, il faut compter deux [pommedeterre] par personne. RÉPONSE : .......................................

2. On exige un [laissezpasser] pour entrer à l'exposition.

   RÉPONSE : ..................................

3. On a découvert que le voisin est un [maîtrechanteur].

   RÉPONSE : ..................................

4. Les [razdemarée] sont souvent imprévisibles.

   RÉPONSE : ..................................

5. Son nom est gravé sur son [porteclés].

   RÉPONSE : ..................................

6. Bizarre, il a encore oublié son [portemonnaie]!

   RÉPONSE : ..................................

7. La boutique est située au [rezdechaussée] de son immeuble.

   RÉPONSE : ..................................

8. Le nom [contrecoup] prend-il un trait d'union?

   RÉPONSE : ..................................

9. On a baptisé *Nautilus* le premier [sousmarin] atomique en souvenir du *Nautilus* de Jules Verne.

   RÉPONSE : ..................................

10. Le [réveillematin] sonne toujours trop tôt.

    RÉPONSE : ..................................

**POUR EN SAVOIR PLUS,** CONSULTER LES TABLEAUX ▸ **NOMS COMPOSÉS** ▸ **RECTIFICATIONS ORTHOGRAPHIQUES** AU *MULTIDICTIONNAIRE* OU DANS *LA NOUVELLE GRAMMAIRE EN TABLEAUX.*

47

Un barbarisme est une erreur de langage par altération de mot (*infractus au lieu d'*infarctus*). Un peu d'attention... et tout rentre dans l'ordre.

**40**

**Entourer et corriger le barbarisme contenu dans chacune des phrases suivantes.**

1. Laurence en a rase-bol de laver la vaisselle.

   RÉPONSE : ...........................................

2. Marc a perdu patience et lui a répondu du tic au tac.

   RÉPONSE : ...........................................

3. Dans cette tribu, les légendes se transmettaient de bouche à bouche. RÉPONSE : ...........................................

4. Elle nous a reçus à la bonne flanquette.

   RÉPONSE : ...........................................

5. Il connaît l'abc de l'économie; il en parle toujours à bon céans.

   RÉPONSE : ...........................................

6. Tous et chacun sont invités à se prononcer sur le nouveau règlement. RÉPONSE : ...........................................

7. Pour toute réponse, il m'a fait un sourire mi-fille, mi-raisin.

   RÉPONSE : ...........................................

8. Il n'aurait jamais pensé qu'elle lui damnerait le pion.

   RÉPONSE : ...........................................

9. L'avocat nous a expliqué les tenants et les aboutissements du dossier. RÉPONSE : ...........................................

10. La réflexion de son ami n'a pas eu l'heure de lui plaire.

    RÉPONSE : ...........................................

**41** Il y a une ressemblance, mais ce n'est pas tout à fait le bon mot. Entourer le mot erroné dans chacune des phrases et le remplacer par le mot juste.

RAPPEL

> Les paronymes sont des mots qui présentent une ressemblance d'orthographe ou de prononciation, sans avoir la même signification.

1. C'est un bandit notable.

   RÉPONSE : .........................................

2. Suspect comme il est, Philippe n'a pas supporté la plaisanterie.

   RÉPONSE : .........................................

3. Après 24 heures de douleurs intestines, Monique a finalement consulté le médecin. RÉPONSE : .........................................

4. François a étalonné son travail sur deux semaines.

   RÉPONSE : .........................................

5. Quand la journaliste est arrivée, le vol venait juste d'être perpétué. RÉPONSE : .........................................

6. Mario est un vrai prodigue, à quatre ans il sait déjà lire!

   RÉPONSE : .........................................

7. Line a tellement peur d'avaler un champignon venimeux, qu'elle ne mange jamais de ce végétal. RÉPONSE : .........................................

8. L'accusation était formelle : vol avec infraction.

   RÉPONSE : .........................................

9. Trop tard, notre pauvre Fido était déjà en train d'agonir.

   RÉPONSE : .........................................

10. Pour son anniversaire, on a offert un portefeuille en marocain rouge à Louis. RÉPONSE : .........................................

« Comment qualifier quelqu'un qui confond précaire et précoce, voyeur et visionnaire, et qui va se faire épiler chez une épileptique? »

**Ostende**
François Gravel
Québec/Amérique, 1994.

POUR EN SAVOIR PLUS, CONSULTER LE TABLEAU ▶ PARONYMES AU *MULTIDICTIONNAIRE* OU DANS *LA NOUVELLE GRAMMAIRE EN TABLEAUX.*

4 9

RAPPEL

Un québécisme est un mot ou une expression propre au français en usage au Québec. Certains québécismes (qui sont souvent des archaïsmes) ont des équivalents dans la francophonie; d'autres qui traduisent une réalité québécoise n'ont pas d'équivalents.

« Les québécismes doivent principalement servir à dénommer des réalités concrètes ou abstraites qui n'ont pas de correspondant ou qui ne sont pas encore dénommées en français, ou pour lesquelles les dénominations québécoises qui les expriment ont acquis un statut linguistique ou culturel qui les rend difficilement remplaçables. »

**Énoncé d'une politique linguistique relative aux québécismes.**
(Office de la langue française, Québec 1985).

EXERCICE 42

**Entourer le québécisme contenu dans chacune des phrases. Il ne s'agit pas de remplacer ces mots qui font partie de notre langue, mais il importe de pouvoir les reconnaître afin d'acquérir un vocabulaire nuancé.**

1. La liste des corvées à faire ce matin est affichée au babillard.

2. Monsieur Blais, l'échevin, a une grosse bedaine.

3. La femme de chambre empile les débarbouillettes.

4. Marie habite un rang près de Sainte-Jovite.

5. Les amoureux se sont donné rendez-vous à la brunante.

6. La tarte aux bleuets est délicieuse : Mario s'en lèche les babines.

7. On trouve cette babiole au dépanneur du coin.

8. Samedi, je compte faire du magasinage.

9. Le Naskapi enfourche sa motoneige et file sur la glace.

10. Elle raconte qu'elle a pêché un maskinongé long comme ça.

**POUR EN SAVOIR PLUS,** CONSULTER LES MOTS MENTIONNÉS AU *MULTIDICTIONNAIRE* AINSI QUE LE TABLEAU ▸ **QUÉBÉCISME** AU *MULTIDICTIONNAIRE* OU DANS *LA NOUVELLE GRAMMAIRE EN TABLEAUX*.

**Lire les phrases suivantes à voix haute, puis cocher la bonne réponse.**

1. Le cours de maths est reporté à 2 heures.

   Le *s* qui termine le mot *maths* se prononce-t-il .... ou non ....?

2. L'éléphant étant devenu trop vieux pour le cirque, on l'a installé au zoo.

   Le mot *zoo* rime-t-il avec *ou* .... ou avec *eau* ....?

3. Nous avons partagé un cantaloup sur la terrasse.

   Le mot *cantaloup* rime-t-il avec *loup* .... ou avec *loupe* ....?

4. Le Cirque du Soleil a engagé Aline comme clown.

   Le nom *clown* se prononce *cloune* [klun] : oui .... ou non .... .

5. Avez-vous besoin d'un shampooing?

   Le nom *shampooing* rime-t-il avec *point* .... ou avec *pou* ....?

6. Lucie fait preuve de minutie dans son travail.

   Le *t* de *minutie* se prononce-t-il *s* .... ou *t* ....?

7. Une molécule est un groupement d'atomes.

   Le *o* de *atome* est-il ouvert comme dans le mot *pomme* .... ou fermé comme dans le mot *trop* ....?

8. La contamination du terrain fait osciller l'aiguille du compteur.

   Le verbe *osciller* rime-t-il avec *piler* .... ou avec *piller* ....?

9. Le maire s'engage à réduire le déficit : quelle gageure!

   Le nom *gageure* rime-t-il avec *sur* .... ou avec *sœur* ....?

10. Un quatuor à cordes est constitué de deux violons, un alto et un violoncelle.

    La première syllabe de *quatuor* se prononce-t-elle *ka* .... ou *koua* ....?

**POUR EN SAVOIR PLUS,** CONSULTER LES MOTS MENTIONNÉS AU *MULTIDICTIONNAIRE*.

5 1

**EXERCICE 44**

**Entourer les conjonctions et locutions conjonctives de coordination dans les phrases suivantes et spécifier si elles marquent un rapport de cause, d'alternative, de conséquence, de liaison, d'explication ou de restriction.**

1. Lise apprend l'espagnol et doit aller à Madrid.

   RÉPONSE : ...........................................

2. Lisette doit aller à Madrid, c'est pourquoi elle apprend l'espagnol.

   RÉPONSE : ...........................................

3. Les locataires ont évacué l'immeuble, de plus l'alerte a été donnée. RÉPONSE : ...........................................

4. Lisette apprend l'espagnol, car elle doit aller à Madrid.

   RÉPONSE : ...........................................

5. Pierre irait au cinéma, mais il n'a pas d'argent.

   RÉPONSE : ...........................................

6. Il a gagné la médaille d'or en natation, c'est-à-dire qu'il a réussi l'épreuve en 10 minutes. RÉPONSE : ...........................................

7. Beaucoup croient que la chouette est la femelle du hibou, cependant ils ont tort. RÉPONSE : ...........................................

8. Le cours aura lieu à 10 heures, du moins c'est ce qui a été entendu. RÉPONSE : ...........................................

9. Le spectacle prendra l'affiche en mars ou en avril.

   RÉPONSE : ...........................................

10. Qui a dit : « Je pense, donc je suis »?

    RÉPONSE : ...........................................

**POUR EN SAVOIR PLUS,** CONSULTER LE TABLEAU ► **CONJONCTION DE COORDINATION** AU *MULTIDICTIONNAIRE* OU DANS *LA NOUVELLE GRAMMAIRE EN TABLEAUX.*

**Rectifier la ponctuation dans les phrases suivantes (entourer les signes de ponctuation mal employés et ajouter les signes manquants).**

RAPPEL

Bien ponctuer un texte permet d'obtenir des phrases claires. Parmi les signes de ponctuation les plus utilisés, on trouve la virgule (,), le point (.), le deux-points (:), le point-virgule (;), le point d'exclamation (!), le point d'interrogation (?) et les points de suspension (...).

1. Le chien, a été retrouvé criblé de balles, par le voisin.

2. Tu n'es qu'un. Bon, je préfère ne rien dire.

3. Combien de mots peux-tu former avec les lettres REPSEAG.

4. Mireille habite le 7560, de la rue Picotte et Nicole travaille au 45, boul. René-Lévesque.

5. Le lama est un animal doux mais il peut vous cracher au visage s'il se sent nerveux.

6. En 1984, Marc Garneau, un des six premiers astronautes canadiens a participé à une mission spatiale à bord de la navette *Challenger*.

7. La gourgane, qui provient de la fève des marais est très prisée au Lac-Saint-Jean.

8. Me diriez-vous, comment me rendre à Québec, s'il vous plaît?

9. De nombreuses espèces de champignons, sont vénéneuses; certaines variétés d'amanites, par exemple sont même mortelles.

10. Tel père, tel fils. Gino Quilico baryton, est le fils de Louis Quilico, lui-même baryton.

« Les points d'exclamation, d'interrogation et de suspension précisent l'intonation. Comme un baromètre, ils indiquent l'humeur de la phrase. »

**Priorité à la ponctuation**
Véronique Fleurquin
« Les petits carnets »
Syros, 1984.

**POUR EN SAVOIR PLUS,** CONSULTER LES TABLEAUX ▶ ADRESSE ▶ PONCTUATION AU *MULTIDICTIONNAIRE* OU DANS *LA NOUVELLE GRAMMAIRE EN TABLEAUX.*

5 3

**RAPPEL**

La préposition est un mot invariable qui sert à introduire un complément, qu'il unit, par un rapport de temps (*à, dans...*), de lieu (*de, en...*), de manière (*par...*), etc., au mot complété (verbe, nom, adjectif...).

**EXERCICE**

**46**

**Entourer la préposition fautive et donner la bonne formulation.**

1. Il a travaillé dans cette entreprise pour trois ans.

   RÉPONSE : .........................................

2. Veux-tu me prêter le dictionnaire, j'en ai de besoin.

   RÉPONSE : .........................................

3. Heureusement que nous sommes arrivés en temps.

   RÉPONSE : .........................................

4. La directrice l'a félicité pour son courage.

   RÉPONSE : .........................................

5. Un instant, madame, je suis avec vous dans quelques minutes.

   RÉPONSE : .........................................

6. Ils ont tenté à faire mieux.

   RÉPONSE : .........................................

7. J'aime me remémorer de ce temps-là.

   RÉPONSE : .........................................

8. Je me souviens de d'autres fois où elle était plus gentille.

   RÉPONSE : .........................................

9. Comparé avec les autres, il est le plus fort.

   RÉPONSE : .........................................

10. Le service était tellement mauvais que j'ai demandé pour le

    directeur. RÉPONSE : .........................................

**POUR EN SAVOIR PLUS,** CONSULTER LE TABLEAU ▸ PRÉPOSITION AU *MULTIDICTIONNAIRE* OU DANS *LA NOUVELLE GRAMMAIRE EN TABLEAUX.*

**EXERCICE 47**

**Insérer les mots**

*cane - chameau - chevreau - éléphant - hase - hibou - jars - lapereau - marcassin - zèbre*

**dans les phrases suivantes.**

1. Le .................., presque nouveau-né, se pelotonnait contre la lapine.

2. Quel événement à la ferme : l'oie et son .................. ont eu des petits!

3. Le .................. est le petit de la laie et du sanglier.

4. Près du chalet, on entend le .................. qui hulule.

5. Le bouc et son petit, le .................., chevrotent.

6. Au zoo, les enfants ont entendu blatérer le ..................

7. Les deux mâles, le cheval et le .................., hennissaient.

8. La .................. et son caneton nasillent.

9. Près de la ferme, on entendait vagir le lièvre, la .................. et les levrauts.

10. Un .................. barrit, le rhinocéros aussi.

RAPPEL

Le nom de l'animal désigne généralement et le mâle et la femelle. Cependant, dans bien des cas, le vocabulaire des animaux comporte des désignations spécifiques du mâle, de la femelle, du petit et des cris.

« Au zoo, c'est peut-être pour amuser les bêtes qu'on nous permet de défiler devant leurs cages. »

André Birabeau
Cité dans le
**Dictionnaire des pensées les plus drôles,**
Jean Delacour
Marabout, 1984.

**RAPPEL**

*Mille* est un déterminant numéral et un adjectif ordinal, mais *million* et *milliard* sont des noms. C'est sans importance quand on doit les compter, mais toute la différence est dans l'écriture. (À noter que selon les R.O., « on peut lier par un trait d'union les numéraux formant un nombre complexe, inférieur ou supérieur à *cent* ».) (Voir NOTE à la fin du corrigé, page 96.)

**EXERCICE 48**

**Corriger l'orthographe des mots *mille, million* et *milliard* dans les expressions numérales soulignées.**

1. Les pistes d'atterrissage des grands aéroports atteignent <u>quatre mille....... cinq cents</u> mètres.

2. <u>Quatre mille...... milles</u> équivalent à environ <u>six mille....... quatre cents</u> kilomètres.

3. <u>Deux milliard.......</u> valent <u>deux mille....... million.......</u> .

4. Cet ouvrage a été imprimé en l'an <u>mille....... huit cent</u>.

5. Le français est parlé par environ <u>cent neuf million.......</u> de personnes dans le monde.

6. On évalue à environ <u>dix mille.......</u> le nombre d'Acadiens qui ont été déportés entre 1755 et 1762, dont une grande partie se sont réfugiés en Louisiane.

7. J'ai lu deux fois *<u>Vingt Mille.......</u> Lieues sous les mers* de Jules Verne.

8. Le mont Ferron, situé dans le parc de la Gaspésie et haut de <u>mille....... trente-six</u> mètres, a été nommé ainsi pour honorer la mémoire de l'écrivain Jacques Ferron.

9. La collection de la philatéliste contient au moins <u>1,5 million.......</u> de timbres.

10. Un atome d'hydrogène est si petit qu'on pourrait en disposer environ <u>cent mille....... milliard.......</u> sur un fil d'une longueur d'environ trente centimètres.

**POUR EN SAVOIR PLUS,** CONSULTER LES TABLEAUX ▶ **MILLE, MILLION, MILLIARD** ▶ **NUMÉRAL ET ADJECTIF ORDINAL (DÉTERMINANT)** AU *MULTIDICTIONNAIRE* OU DANS *LA NOUVELLE GRAMMAIRE EN TABLEAUX.*

**Le son *oi* [wa] peut se transcrire de bien des façons :
par exemple -*oi*, -*oie*, -*ois*, -*oit*, -*oix*. Compléter les
mots suivants dont la finale correspond au son *oi*.**

**1.** Traditionnellement on gave l'....... pour obtenir du f....... gras.

**2.** Le chaton a provoqué tout un ém....... quand la bibliothécaire a

aperçu son min....... en rangeant les livres.

**3.** De voir Daniel sur la v....... ferrée me laisse absolument sans

v......., tu v........

**4.** Quand le put....... se sent menacé, il projette une sécrétion

malodorante, pouah!

**5.** Depuis qu'il a mal au f......., on a l'impression que la f....... lui est

revenue.

**6.** Porter un chemisier de s....... sur s......., c'est très agréable.

**7.** On dit que « le tr....... fait le m....... », est-ce que tu y cr.......?

**8.** Avec toutes les n....... qu'il a avalées avant l'heure du bain,

j'ai peur qu'il se n........

**9.** On se souviendra longtemps de l'expl....... du marathonien.

**10.** Qu....... qu'il en s......., il marche dr....... depuis sa mésaventure.

**POUR EN SAVOIR PLUS,** CONSULTER LE TABLEAU ► **HOMONYMES** AU *MULTIDICTIONNAIRE* OU DANS *LA NOUVELLE
GRAMMAIRE EN TABLEAUX.*

**5 7**

Le participe présent et l'adjectif participe se terminent tous les deux par le son *ant* (*fatiguant* et *fatigant*). Parfois le participe présent et l'adjectif participe ont la même orthographe. Mais là s'arrêtent les ressemblances. Le participe présent est invariable, alors que l'adjectif varie.

## 50

**Entourer le mot entre crochets qui est bien orthographié, et dire s'il s'agit d'un participe présent ou d'un adjectif participe.**

1. Tous les élèves [excellant, excellents] en géographie ont reçu une récompense. RÉPONSE : ..........................................

2. Le ventilateur ne change rien à la chaleur [suffoquante, suffocante]. RÉPONSE : ..........................................

3. Les arguments du cambrioleur ne sont pas trop [convainquants, convaincants]. RÉPONSE : ..........................................

4. C'est en [communiquant, communicant] avec la propriétaire que tu pourras régler ce problème de chauffage.

   RÉPONSE : ..........................................

5. Le bruit des travaux la [fatigant, fatiguant], la locataire n'a pu fermer l'œil de la nuit. RÉPONSE : ..........................................

6. Les écoliers [négligents, négligeant] ont dû reprendre leur travail. RÉPONSE : ..........................................

7. Le comité évaluera tous les dossiers [relevant, relevants] de la direction. RÉPONSE : ..........................................

8. Ses résultats à l'examen ont été [excellents, excellant].

   RÉPONSE : ..........................................

9. Le recruteur a retenu toutes les candidatures [répondants, répondant] aux critères demandés.

   RÉPONSE : ..........................................

10. Les invités [négligents, négligeant] de confirmer leur présence avant le 24 ne pourront assister à la réception.

    RÉPONSE : ..........................................

**POUR EN SAVOIR PLUS,** CONSULTER LES TABLEAUX ▸ **ADJECTIF** ▸ **PARTICIPE PRÉSENT** AU *MULTIDICTIONNAIRE* OU DANS *LA NOUVELLE GRAMMAIRE EN TABLEAUX.*

CORRIGÉ

**EXERCICE 1**  CORRIGÉ

1. Un secret est un fait que l'on connaît, mais que l'on tait.
   ▶ Le verbe *connaître* conserve, dans la conjugaison, l'accent circonflexe sur la lettre *i* qui précède le *t*.
   ▶ Les R.O. admettent : *il connait*.
   ▶ Attention au verbe *taire (il tait),* qui se conjugue comme *plaire (il plaît),* mais sans accent circonflexe.

2. Le minerai qu'il a trouvé contiendrait de l'or.

3. Ça m'effraie de voir les acrobates de cirque travailler sans filet.
   ▶ On écrit aussi moins couramment : *ça m'effraye.*

4. Le basset est un chien très bas sur pattes.

5. Un sobriquet est un surnom familier, parfois moqueur, parfois affectueux.

6. En quelques traits de craie, l'artiste a dessiné un portrait du touriste japonais.

7. Moi, tuer un criquet? Jamais!

8. Le Français Louis Braille a inventé, en 1829, un alphabet constitué de points en relief que les aveugles peuvent « lire » avec les doigts.
   ▶ À noter que le mot *français* prend une majuscule quand il est utilisé en tant que nom, comme c'est le cas ici. Utilisé comme adjectif, le mot s'écrit avec une minuscule : *J'ai un ami français.* Le nom de la langue s'écrit avec une minuscule : *Apprendre le français.*

9. Tournesol consultait sans arrêt sa montre de gousset.

10. Le cassoulet est un mets que l'on sert traditionnellement dans une terrine de grès.
    ▶ Attention à l'orthographe du nom *mets,* qui prend toujours un *s,* au singulier comme au pluriel.
    ▶ Le grès est une matière dont on fait des poteries.

**EXERCICE 2**  CORRIGÉ

1. Le *Titanic* a coulé à 150 km au sud-est de Terre-Neuve.
   ▶ Les symboles des unités de mesure ne prennent pas la marque du pluriel et s'écrivent sans point abréviatif.

2. Destinataire : Monsieur Maigret, **boul.** du Crime.
   ▶ Les formes *bd* et *b^d,* qui s'écrivent sans point, sont aussi utilisées.

3. La chimiste ajoute 20,5 ml d'un liquide bleuté dans la fiole.
   ▶ Les symboles des unités de mesure ne prennent pas la marque du pluriel et s'écrivent sans point abréviatif. À noter que dans le cas d'une fraction décimale, on écrit 20,5 ml et non *20 ml 5.

4. Un groupe d'élèves a été invité à l'ouverture de l'Assemblée générale de l'ONU.
   ▶ L'ONU est un organisme international dont le siège est situé à New York.
   ▶ On écrit *Organisation des Nations Unies* avec trois majuscules pour respecter le nom officiel de l'organisme. On écrit aussi *Organisation des Nations unies.*

5. On peut obtenir le formulaire au CLSC du quartier.
   ► Le sigle peut aussi s'écrire avec des points : C.L.S.C.

6. Louise s'est inscrite au cégep de sa région.
   ► Le sigle ne prend généralement pas la marque du pluriel, mais le mot *cégep* est considéré comme un nom et prend la marque du pluriel. On écrira donc *des cégeps* avec un *s*. L'accent aigu sur le premier *e* a comme seule fonction de faciliter la prononciation du mot.

7. Heureusement que le sigle ADN est plus facile à retenir que sa désignation au long.

8. J'ai besoin d'un disque dur d'une capacité de 30 Go, au moins.
   ► Le symbole ne prend pas la marque du pluriel.

9. Après le nom de la rue, on a indiqué : app. 4.
   ► Et non *apt. qui est l'abréviation anglaise.

10. L'acronyme laser est très connu.
    ► L'acronyme, qui est devenu un nom, prend la marque du pluriel : *des lasers*.
    ► Si le nom est mis en apposition, *laser* prend un *s* ou non : des rayons laser(s).

**EXERCICE 3**

**CORRIGÉ**

1. La vipère inocule son venin par une morsure, l'abeille par une piqûre.
   ► Les R.O. admettent : *piqure*.

2. Certaines précautions doivent être prises pour observer une éclipse solaire, afin d'éviter des brûlures aux yeux.
   ► Tous les mots de la même famille que *brûler* prennent un accent circonflexe sur le *u* de la première syllabe : *brûlage, brûler, brûlerie, brûleur, brûlure...*
   ► Les R.O. admettent : *bruler, brulage*, etc.

3. La foule est restée hébétée lors de l'accident du coureur automobile.
   ► Trois accents sur *hébétée*, du verbe *hébéter*; rien à voir avec le mot *bête*.

4. Le financier surveille les cotes boursières en dégustant une côte de bœuf.
   ► Attention à la prononciation de cote [kɔt], qui rime avec *flotte,* et côte [kot], qui rime avec *faute*.

5. Un si bel été nous fait oublier la grêle et le grésil de l'hiver.

6. La dernière œuvre du peintre représentait un tas de mûres mûres écrasées sur un mur.
   ► La mûre, dont on fait des confitures, est le fruit du mûrier.
   ► Les R.O. admettent : *des mures mures*.

7. Je bois mon lait comme ça me plaît, mais je ne bois jamais de lait suri, ça c'est sûr!
   ► La troisième personne du singulier du présent de l'indicatif du verbe *plaire* prend un accent circonflexe sur le *i : il, elle plaît*.
   ► Les R.O. admettent : *il plait*.

8. L'hélicoptère a percuté un pylône qui soutient des lignes électriques.
   ► Dans *a percuté*, le *a* est une forme du verbe *avoir*. Pour reconnaître s'il s'agit de la forme du verbe *avoir*, qui s'écrit sans accent, ou de la préposition *à*, on

peut remplacer le *a* par une autre forme du verbe *avoir* (ici : *l'hélicoptère avait percuté, l'hélicoptère aura percuté*, etc.).

9. Le baromètre sert à mesurer la pression atmosphérique, c'est-à-dire la pression exercée par l'air.

   ▶ Dans *sert à mesurer*, il s'agit de la préposition *à*, qui s'écrit avec un accent, et non d'une forme du verbe *avoir*. Pour reconnaître s'il s'agit d'une forme du verbe *avoir* ou de la préposition *à*, on essaie de remplacer le *à* de *sert à mesurer* par une forme du verbe *avoir* : *sert \*avait mesurer*, ce qui donne une forme impossible.

10. Une des tâches des abeilles consiste à sécréter de la cire pour confectionner les alvéoles de la ruche.

    ▶ Mais une goutte de miel qui tombe sur un vêtement peut laisser une tache (sans accent).

    ▶ Dans *consiste à sécréter*, il s'agit de la préposition *à*, qui s'écrit avec un accent, et non d'une forme du verbe *avoir*. Pour reconnaître s'il s'agit d'une forme du verbe *avoir* ou de la préposition *à*, on essaie de remplacer le *à* de *consiste à sécréter* par une forme du verbe *avoir* : *consiste \*avait sécréter*, ce qui donne une forme impossible.

**EXERCICE 4**  **CORRIGÉ**

1. Naomi porte des sandales vert olive.
   ▶ Les adjectifs de couleur composés sont invariables.

2. La peintre a ajouté deux roses vermillon sur son tableau.
   ▶ Les noms employés comme adjectifs de couleur sont invariables.
   ▶ L'adjectif *vermillon* se dit d'un rouge vif.

3. Le bébé caméléon, camouflé en rouge sur les dalles rouge tomate, était vert de peur!
   ▶ Les adjectifs de couleur composés sont invariables.
   ▶ Le caméléon est un lézard qui peut se camoufler en adoptant la couleur de l'endroit où il se trouve.

4. La carte portait comme signature deux petits cœurs écarlates.
   ▶ Les adjectifs de couleur simples s'accordent.
   ▶ L'adjectif *écarlate* se dit d'un rouge éclatant.

5. Les pentures vert-de-gris donnent un cachet ancien à la porte.
   ▶ Les adjectifs de couleur composés sont invariables.

6. Depuis que Rose a les cheveux violets, on l'appelle Violette!
   ▶ Les adjectifs de couleur simples s'accordent.

7. On recommande de porter des vêtements pastel plutôt que des vêtements noirs lorsqu'il fait très chaud.
   ▶ *Pastel*, nom employé comme adjectif, est invariable. L'adjectif de couleur simple *noir* s'accorde.

8. Pit porte souvent des chemises orange, des pantalons citron, des chaussettes banane et des chaussures pêche; on dirait une salade de fruits!
   ▶ Les noms employés comme adjectifs de couleur sont invariables.

9. Pierre rêve de nager dans les eaux bleu turquoise des mers du Sud.
   ▶ Les adjectifs de couleur composés sont invariables.

10. La nature morte représentait un plateau contenant deux avocats et une orange, le tout déposé sur une nappe avocat.
    ▶ Les noms employés comme adjectifs de couleur sont invariables.
    ▶ Attention : l'adjectif de couleur est bien *avocat* (et non *avocado).

**EXERCICE 5** CORRIGÉ

1. C'est l'heure de pointe, les voitures se suivent pare-chocs contre pare-chocs.
   ▶ *Un pare-chocs, des pare-chocs.*

2. Le motard a un énorme tatouage sur l'avant-bras, qui représente justement un tatou, quel original!
   ▶ Évidemment, le tatouage représente un tatou, qui est un mammifère d'Amérique tropicale dont le corps est recouvert d'écailles. Le tatou a la particularité de se mettre en boule quand il se sent attaqué.

3. Ma sœur adore téléphoner, elle a passé la soirée au téléphone.
   ▶ On parle *au* téléphone, on est *au* téléphone, on passe son temps *au* téléphone.

4. C'est une passionnée d'informatique, elle vient d'acheter son cinquième ordinateur.

5. Le cours de rattrapage a été fixé au 10 avril.
   ▶ On dit aussi : *inscrit à l'horaire, programmé.*

6. On demande un vendeur dynamique au magasin de chaussures.
   ▶ On dit aussi : *énergique, combatif.*

7. J'ai égaré l'adresse de mon ami François.
   ▶ Un seul *d* en français.

8. J'ai l'impression que ce poste de radio répète les mêmes airs à longueur d'année.

9. Antoine va monter son spectacle s'il obtient le soutien financier de son père.
   ▶ On dit aussi : *aide financière.*

10. Il lui reste un solde de 55 $ dans son compte en banque.

**EXERCICE 6** CORRIGÉ

1. On a transporté le blessé à l'hôpital le plus près.
   ▶ L'élision se fait devant le *h* muet du nom *hôpital.*

2. L'huître est souvent récoltée à la drague.
   ▶ L'élision se fait devant le *h* muet du nom *huître.*
   ▶ Une drague est une sorte de filet avec lequel on récolte les huîtres. On appelle la personne qui pêche de cette façon un *dragueur*, comme le dragueur du samedi soir.

3. Le cuisinier regarde par le hublot du four, mais trop tard, la tarte est carbonisée!
   ▶ Pas d'élision devant le *h* aspiré du nom *hublot*.
   ▶ Le nom *hublot*, petite fenêtre d'un navire, d'un avion, s'emploie aussi pour désigner la partie vitrée d'un four et d'une machine à laver.

4. Le homard des Îles-de-la-Madeleine est très apprécié.
   ▶ Pas d'élision devant le *h* aspiré du nom *homard*.

5. Luc a mis le pied sur le haricot tombé sous la table.
   ▶ Pas d'élision devant le *h* aspiré du nom *haricot*.

6. Karl parle le hollandais, la Hollande est son pays de naissance.
   ▶ Pas d'élision devant le *h* aspiré des mots *hollandais* et *Hollande*.
   ▶ Le nom du peuple s'écrit avec une majuscule, le nom de la langue s'écrit avec une minuscule : *Ce Hollandais parle le hollandais*.

7. Tous les ballons achetés pour son anniversaire ont été gonflés à l'hélium.
   ▶ L'élision se fait devant le *h* muet du nom *hélium*.

8. Il faut éviter de jeter de l'huile sur le feu.
   ▶ L'élision se fait devant le *h* muet du nom *huile*.

9. L'inondation a détruit l'herbier du jeune botaniste.
   ▶ L'élision se fait devant le *h* muet du nom *herbier*.

10. Le hérisson est un mammifère couvert de piquants.
    ▶ Pas d'élision devant le *h* aspiré du nom *hérisson*.

**EXERCICE 7** **CORRIGÉ**

1. La piqûre du scorpion est venimeuse et douloureuse.
   ▶ Douleur, mais douloureux.

2. Après la fête, la maison était sens dessus dessous.

3. C'est un individu assez fruste; en fait, c'est un rustre.

4. Max pense qu'il a des dons d'hypnotiseur.

5. Une fois le gâteau refroidi, saupoudrer de sucre à glacer.

6. Le mot *cinématographe* a été abrégé en *cinéma*.
   ▶ *Abréviation*, *abréviatif*, mais *abréger*.

7. Les coureurs se sont alignés sur la ligne de départ.

8. Il est arrivé à l'aéroport juste à temps.

9. Je cherche un travail mieux rémunéré.
   ▶ *Remunéré*, d'abord *m*, puis *n*; rien à voir avec le nom *numéro*.

10. La cascadeuse fait un métier bien dangereux.

1. Jusqu'ici, sa mère s'est passée de lui.

   ▶ À la forme pronominale, le participe passé de ce verbe s'accorde avec le complément direct (CD) s'il est placé avant (*s'*, qui représente *mère*). Le participe s'accorde donc au féminin singulier.

2. J'ai lu la revue que Jean a passée à Liette.

   ▶ Le participe passé employé avec l'auxiliaire *avoir* s'accorde avec le CD s'il est placé avant. *Jean a passé quoi? que*, mis pour *revue*. Le CD étant placé avant le verbe, le participe s'accorde au féminin singulier.

3. Sa dette est passée de 60 à 80 dollars.

   ▶ Le participe passé employé avec l'auxiliaire *être* s'accorde avec son sujet (*dette*).

4. Ils se sont passé les réponses de l'examen de français.

   ▶ À la forme pronominale, le participe passé de ce verbe s'accorde avec le CD s'il est placé avant le verbe. *Ils ont passé quoi? les réponses.* Le CD étant placé après le verbe, l'accord ne se fait pas. Attention, il faut tenir compte du sens du verbe, ici *se passer* veut dire « échanger », tandis que dans la phrase **1** *se passer* veut dire « se priver ».

5. Maria a passé la journée à se plaindre.

   ▶ Le participe passé utilisé avec l'auxiliaire *avoir* s'accorde avec le CD s'il est placé avant le verbe. *Maria a passé quoi?* la journée. Le CD étant placé après le verbe, l'accord ne se fait pas.

6. Elles se sont passées de manger.

   ▶ À la forme pronominale, le participe passé de ce verbe s'accorde avec le CD s'il est placé avant (*se*, qui représente *elles*). Le participe s'accorde donc au féminin pluriel.

7. Passé huit heures, les portes du gymnase seront fermées.

   ▶ Devant une indication d'heure, *passé* est considéré comme une préposition; on peut d'ailleurs le remplacer par la préposition *après*. *Passé* est donc invariable.

8. L'étudiante est passée prendre un livre à la bibliothèque.

   ▶ Le participe passé employé avec l'auxiliaire *être* s'accorde avec son sujet (*étudiante*).

9. Il a fait un voyage inoubliable, mais toutes ses économies y ont passé.

   ▶ En ce sens, *passer* est un verbe intransitif, c'est-à-dire un verbe qui ne peut avoir de complément direct. *Passé* reste donc invariable.

10. Il s'en est passé des choses depuis son départ.

    ▶ Le participe passé d'un verbe employé impersonnellement (*il se passe*) ou d'un verbe impersonnel (*il vente*) reste invariable.

1. C'est au mois d'avril que ces incidents sont arrivés.
   ▶ *C'* est la forme élidée du pronom démonstratif *ce*, il a le sens de *cela*.
   ▶ *Ces* est un déterminant démonstratif, c'est-à-dire *les incidents en question, ces incidents-là*.

2. Ces fruits sont un peu trop mûrs à mon goût.
   ▶ *Ces* est un déterminant démonstratif, c'est-à-dire *les fruits en question, les fruits qu'on désigne du doigt*.
   ▶ Les R.O. admettent : *murs*.

3. C'est elle ou c'est nous, choisis!
   ▶ *C'* est la forme élidée du pronom démonstratif *ce*, il a le sens de *cela*.
   ▶ À noter que *c'est* s'utilise devant les pronoms singuliers (*moi, toi, lui, elle*) et les pronoms pluriels (*nous, vous*). Devant *eux, elles*, on emploie *ce sont*. (*Ce sont elles qui ont le mieux répondu*). Lorsque la phrase est négative, l'emploi de *c'est* ou de *ce sont* est flottant. *Ce ne sont pas eux* ou *ce n'est pas eux*.

4. Elle s'est souvenue de lui.
   ▶ *S'* est la forme élidée du pronom personnel *se* de la troisième personne du singulier et du pluriel qui accompagne les verbes pronominaux, ici il s'agit du verbe *se souvenir*.

5. Il se serait procuré ce disque la semaine dernière.
   ▶ *Se* est un pronom personnel de la troisième personne du singulier et du pluriel qui accompagne les verbes pronominaux, ici il s'agit du verbe *se procurer*.
   ▶ *Ce* est un déterminant démonstratif, c'est-à-dire *le disque dont on parle*.

6. C'est clair, il me semble, ces skis-là sont à lui.
   ▶ *C'* est la forme élidée du pronom démonstratif *ce*, il a le sens de *cela*.
   ▶ *Ces* est un déterminant démonstratif, c'est-à-dire *les skis qu'on désigne du doigt*.

7. La lionne rassemble ses petits dès que quelqu'un s'approche.
   ▶ *Ses* est un déterminant possessif pluriel; on parle de ses petits à elle.

8. Mon chat court se cacher dès qu'il entend le bruit de l'aspirateur.
   ▶ *Se* est un pronom personnel de la troisième personne du singulier et du pluriel qui accompagne les verbes pronominaux, ici il s'agit du verbe *se cacher*.

9. Ces enfants qui jouent là-bas lui rappellent ses petits-enfants.
   ▶ *Ces* est un déterminant démonstratif, c'est-à-dire *les enfants qu'on désigne du doigt*.
   ▶ *Ses* est un déterminant possessif pluriel; on parle de ses petits-enfants à elle ou à lui.

10. Toute sa vie, Gandhi s'est fait le défenseur de l'égalité des droits entre les hommes.
    ▶ *S'* est la forme élidée du pronom personnel *se* de la troisième personne du singulier et du pluriel qui accompagne les verbes pronominaux, ici il s'agit du verbe *se faire*.
    ▶ Gandhi, homme politique indien qui a lutté pour l'indépendance de l'Inde en employant des moyens non violents, est mort assassiné en 1948.

1. Un livre publié en l'année mille huit cent.

   ▶ C'est-à-dire la mille huit centième année. *Cent* est ici un adjectif ordinal (qui marque l'ordre, le rang) invariable.

2. Le dernier chiffre est illisible : est-ce cent trente et un ou cent trente-sept?

   ▶ Il n'y a jamais de trait d'union entre *cent* et un adjectif numéral, qu'il soit placé avant ou après.

   ▶ Les expressions numérales composées inférieures à *cent* prennent des traits d'union, sauf si les nombres sont reliés par *et*.

3. Le retraité de quatre-vingts ans habite une maison qui a quatre-vingt-douze ans.

   ▶ Dans *quatre-vingts, vingt*, déterminant numéral, est multiplié par *quatre*, il prend donc un *s*.

   ▶ Dans *quatre-vingt-douze, vingt*, déterminant numéral, est suivi d'un autre déterminant numéral, il ne prend pas de *s*.

   ▶ Les expressions numérales composées inférieures à *cent* prennent des traits d'union, sauf si les nombres sont reliés par *et*.

4. La députée a lu les cent premières pages du rapport.

   ▶ *Cent* n'étant pas multiplié, le déterminant numéral s'écrit sans *s*.

5. Le comité a vendu deux cent quatre-vingt-deux billets pour le tirage.

   ▶ Les expressions numérales composées inférieures à *cent* prennent des traits d'union, sauf si les nombres sont reliés par *et*.

   ▶ *Cent*, déterminant numéral, ne prend pas la marque du pluriel s'il est suivi d'un autre nombre.

6. Le mille-pattes est vantard, il n'a en réalité que vingt et une paires de pattes!

   ▶ Les expressions numérales composées inférieures à *cent* prennent des traits d'union, sauf si les nombres sont reliés par *et*.

7. Une des épreuves du décathlon est le quatre cents mètres.

   ▶ *Cent* prend un *s* quand il est multiplié par un nombre et qu'il n'est pas suivi d'un autre nombre.

8. Deux cents millions de dollars en petites coupures, c'est long à compter!

   ▶ *Cent* prend un *s* quand il est multiplié par un nombre et qu'il n'est pas suivi d'un autre nombre. Ici *cent* est suivi de *million,* qui est un nom et non un déterminant numéral.

9. J'ai encore quatre-vingts pages à lire avant d'arriver à la page cent quatre-vingt.

   ▶ *Quatre-vingts pages, vingt* est ici un déterminant numéral, qui marque la quantité, *vingt* est multiplié par *quatre*, il prend donc la marque du pluriel.

   ▶ *La page cent quatre-vingt*, c'est-à-dire la page cent quatre-vingtième, soit un adjectif ordinal (qui marque l'ordre, le rang), *vingt* est donc invariable.

   ▶ Les expressions numérales composées inférieures à *cent* prennent des traits d'union, sauf si les nombres sont reliés par *et*.

10. Gagner mille cent dollars ou onze cents dollars, lequel est le plus avantageux?
   ▶ Attention, il s'agit de la même somme!
   ▶ *Onze cents*, avec *s* à *cent* parce qu'il est multiplié par *onze*. Mais *mille* ne multiplie pas *cent*, il s'agit de *mille* dollars plus *cent*.

NOTE : pour la liaison des nombres, les R.O. admettent l'emploi du trait d'union dans tous les cas : « on peut lier par un trait d'union les numéraux formant un nombre complexe, inférieur ou supérieur à *cent* ».

**EXERCICE 11** CORRIGÉ

1. Qui a raison?
   ▶ Ils parlent tous les deux de la même chose, puisque les noms *oiseau-mouche* et *colibri* sont synonymes.
2. Qui a raison?
   ▶ C'est X qui a raison. Le verbe *croasser* signifie « crier en parlant du corbeau ». Le verbe *coasser* signifie « crier en parlant de la grenouille ».
3. Qui a raison?
   ▶ C'est X qui a raison. *Hiberner* signifie « passer l'hiver dans un état d'engourdissement, de sommeil ». Quant au verbe *hiverner*, il signifie « passer l'hiver à l'abri ».
4. Qui a raison?
   ▶ Les deux mots existent, mais ils désignent des réalités différentes. Une stalagmite (elle monte) est une concrétion calcaire qui se forme sur le sol d'une caverne, tandis qu'une stalagtite (elle tombe) se forme sous la voûte.
5. Qui a raison?
   ▶ Ils parlent tous les deux de la même chose, puisque les noms *étoile filante* et *météore* sont synonymes.

**EXERCICE 12** CORRIGÉ

1. Le cycliste vérifie la jante de sa bicyclette.
2. Le pique-nique est annulé parce que la directrice souffre d'une otite.
3. Panique! Un python s'est échappé!
   ▶ Le python est un serpent de grande taille. Un piton est un clou à tête en forme d'anneau que les alpinistes utilisent, c'est aussi le sommet d'une montagne isolée. Le sens de « touches d'un clavier » est familier.
4. Le nitrate d'argent est un produit caustique.
5. Au musée, on expose un triptyque d'un peintre espagnol.
   ▶ Un triptyque est une œuvre en trois parties. L'œuvre en deux parties est un diptyque.
6. La soprano lyrique souffre d'une laryngite.
7. Chaque fois que le camion passait dans un nid-de-poule, la nitroglycérine menaçait de sauter.

8. Ce nouvel édifice est un vrai labyrinthe.

9. Albert Einstein a reçu le prix Nobel de physique en 1921.

10. Le drapeau du Québec, le fleurdelisé, porte quatre fleurs de lis.
   ▶ La graphie *fleur de lys* est aussi correcte.

**EXERCICE 13** CORRIGÉ

1. Nestor a pris son essor, mais il a eu tort.

2. Le frère Marie-Victorin, mort à Saint-Hyacinthe en 1944, a écrit *La Flore laurentienne.*
   ▶ Le frère Marie-Victorin est un célèbre botaniste à qui l'on doit la création du Jardin botanique de Montréal.

3. Son voisin, qui a une voix de stentor, est un vrai matamore.
   ▶ Une voix de stentor est une voix forte.

4. Ne me tords pas le bras et sors!

5. Le cultivateur a encore acheté deux porcs.

6. Si tu sors, préviens-moi, même si je dors.

7. Cette amulette en forme de dinosaure protège du mauvais sort.
   ▶ Le nom *amulette* est synonyme de *porte-bonheur.*

8. Le bateau est arrivé à bon port, après avoir tourné à bâbord.
   ▶ Ne pas oublier l'accent circonflexe sur le *a* de *bâbord.*
   ▶ *À bâbord* est un terme de marine qui signifie « à gauche quand on regarde vers la proue », *à tribord* signifie « à droite ». Pour fixer dans sa mémoire lequel veut dire « gauche » et lequel veut dire « droite », on peut penser au nom *batterie* (*ba* est à gauche, *tri* à droite).

9. Attention au labrador, il mord!

10. Je préfère les « mille sabords! » du capitaine Haddock aux vocalises de la Castafiore.
   ▶ Un sabord est une ouverture au flanc d'un navire pour laisser passer la bouche d'un canon.

**EXERCICE 14** CORRIGÉ

1. Marie a acheté un classeur pour ranger ses dossiers.
   ▶ Le nom *filière* désigne l'ensemble des étapes à franchir pour atteindre un résultat. *Il est devenu cinéaste sans suivre la filière habituelle.*

2. Alain a des talents très variés : il fait de la photo, de la musique et il écrit des romans.
   ▶ Pour une personne, on dira aussi *polyvalent*; pour un objet, on dira une pince *universelle*, un outil *tous usages*. En français, *versatile* signifie « inconstant, changeant ». *On ne peut pas compter sur Zoé, elle est trop versatile.*

3. Luc a servi des avocats avec une vinaigrette et un cheddar.
   ▶ Le mot *avocado n'existe pas en français, le fruit de l'avocatier est l'avocat.

4. Dès que sa voiture fait le moindre bruit, Pierre ouvre le capot!

5. Si on se mettait à deux pour faire le travail, on gagnerait du temps.

6. Le conférencier a mis l'accent sur le manque d'intérêt des élèves pour la récupération.
   ▶ On dit aussi : *a insisté sur*. Mais on peut *parler avec emphase*, ce qui veut dire : parler avec exagération et prétention. *Le comédien vantard parlait avec emphase de ses succès passés.*

7. Jusqu'à ce jour, ma sœur a épargné 90 $.
   ▶ On dit aussi : *jusqu'à aujourd'hui.*

8. Louise a donné de la monnaie au clochard.

9. À cause d'une grosse grippe, Rock a manqué deux cours hier.
   ▶ Aussi : *en raison de*. Mais on dira correctement : *Le mauvais état de santé du coureur est dû au surmenage.*

10. Il a payé son vélo 200 $ comptant.
    ▶ Le symbole du dollar s'écrit après le chiffre suivi d'un espacement.

**EXERCICE 15** CORRIGÉ

1. *Magasin* provient d'un mot arabe signifiant « dépôt ». *Kaléidoscope* est formé de trois mots grecs, qui signifient « beau », « aspect » et « regarder ».
   ▶ *Kaléidoscope*, sans tréma sur le *i*.

2. *Algèbre* provient d'un mot arabe signifiant « réduction ». *Dilettante*, d'un mot italien signifiant « qui s'adonne à un art par plaisir ».

3. *Orange* provient de l'arabe. *Fiasco* provient d'un mot italien signifiant « échouer ».

4. *Lexique* provient d'un mot grec signifiant « mot ». *Zéro* est un emprunt à l'arabe.

5. *Olympique* a été emprunté au grec. *Épinard* est un emprunt à l'arabe.
   ▶ Rappelons qu'à l'origine, l'adjectif *olympiques* se disait des jeux antiques que les Grecs pratiquaient, depuis 776 avant J.-C., tous les quatre ans, près de la ville grecque d'Olympie. C'est Pierre de Coubertin, pédagogue français, qui fut l'initiateur des Jeux olympiques modernes, dont les premiers eurent lieu à Athènes, en 1896.

6. *Référendum* provient d'une expression latine signifiant « soumettre à une assemblée ». *Trémolo* provient d'un mot italien signifiant « tremblant ».

7. *Déficit* provient d'un mot latin signifiant « il manque ». *Amnésique* provient d'un mot grec signifiant « oubli ».

8. *Assassin* provient d'un mot arabe signifiant « gardien », selon certains, ou « fumeur de haschich », selon d'autres. *Alibi* provient d'un mot latin signifiant « ailleurs ».

9. *Sténographe* provient du grec. *Scénario* est un emprunt à l'italien.

10. *Agenda* a été emprunté à un verbe latin signifiant « ce qui doit être fait ». *Grammaire* provient d'un mot grec signifiant « art de lire et d'écrire ».

**1.** *Imprimerie* est sujet du verbe *se développer*.
Il répond à la question : *qu'est-ce qui a été développé?*

**2.** *Vacances* est complément indirect du verbe *se souvenir*.
Il répond à la question : *il se souvient de quoi?*

**3.** *Piquants* est complément direct du verbe *dresser*.
Il répond à la question : *le hérisson dresse quoi?*

**4.** *Silence* est complément de la phrase.
Il répond à la question : *les moines travaillent comment?*

**5.** *Mammifère* est attribut du sujet *panda*.
Il répond à la question : *le panda est quoi?*

**6.** *Cormoran* est complément du nom *plumage*.
Il répond à la question : *quel plumage?*

**7.** *Père* est complément indirect du verbe *parler*.
Il répond à la question : *parler à qui?*

**8.** *Bibliothèque* est complément de la phrase.
Il répond à la question : *ranger* L'Île au trésor *où?*

**9.** *Résultats* est complément de l'adjectif *fier*.
Il répond à la question : *fière de quoi?*

**10.** *Tunnel* est sujet du verbe *inaugurer*.
Il répond à la question : *qu'est-ce qui a été inauguré?*

**1.** Les chats, le chien, le lapin et les poissons rouges font bon ménage chez Marc;
en revanche, seuls les hamsters sont les bienvenus chez Carlos.
▶ La virgule sépare des termes de même nature. On ne met pas de virgule entre
le dernier sujet et le verbe (ici, entre *poissons rouges* et *font*).
▶ Le point-virgule sépare des propositions de même nature qui sont
relativement longues.
▶ Virgule après la locution adverbiale. On peut l'omettre si la phrase est très
courte.

**2.** Mon sac est plein de crayons, règles, agrafeuse, etc.
▶ La virgule sépare des termes de même nature.
▶ *Etc.* est toujours précédé d'une virgule. L'abréviation se termine par un point
et ne peut être suivie de points de suspension.
▶ Le point final de la phrase se confond avec le point de l'abréviation.

**3.** Parce que le son se déplace moins vite que la lumière, on voit l'éclair avant
d'entendre le tonnerre.
▶ La virgule est nécessaire parce que la proposition subordonnée est inversée.
Mais on écrirait sans virgule : *On voit l'éclair avant d'entendre le tonnerre parce
que le son se déplace moins vite que la lumière.*

4. Près de l'école se trouve une papeterie... je crois qu'il s'agit plutôt d'une pharmacie.
   ► Les points de suspension marquent l'hésitation.

5. Les quatre pierres précieuses sont : le diamant, le saphir, l'émeraude et le rubis.
   ► Le deux-points annonce une énumération, une explication, une citation.
   ► La virgule sépare les mots de l'énumération.

6. Luc, donne-moi ce crayon immédiatement!
   ► La virgule sépare un mot (*Luc*) mis en apostrophe.
   ► Le point d'exclamation termine une phrase où s'expriment la colère, l'étonnement.

7. Je me demande si je dois aller ou non à la réunion. Est-ce que tu y vas, toi?
   ► Un point après *réunion* pour marquer la fin de la phrase et majuscule au premier mot de la phrase suivante. On ne met pas de point d'interrogation quand l'interrogation est formulée de façon indirecte.
   ► Virgule avant *toi*, pronom mis en apposition.
   ► Le point d'interrogation termine une phrase où une question est formulée d'une façon directe.

8. La pianiste est très douée, mais son interprétation manque de finesse.
   ► La conjonction *mais* est généralement précédée d'une virgule.
   ► On omet souvent la virgule si la phrase est très courte. *Son discours est bref mais convaincant.*

9. Le watt, dont le symbole est W, est une unité de mesure de puissance.
   ► La virgule sert à isoler une proposition relative explicative qui pourrait être supprimée sans changer le sens de la proposition principale.

10. Il n'aime ni le travail ni les vacances.
   ► On ne met généralement pas de virgule entre les éléments de la négation *ni... ni*.

**EXERCICE** **18** **CORRIGÉ**

1. L'auberge est à 2 kilomètres, **crois-tu** que nous pourrons aller **jusque-là**?
   ► Trait d'union entre le verbe et le pronom inversé.
   ► Trait d'union entre la préposition et l'adverbe.

2. Tu as tout à fait raison, je vais rectifier cette erreur **sur-le-champ**.
   ► Pas de trait d'union à *tout à fait*, mais deux traits d'union à *sur-le-champ*.

3. **Va-t-il** partir bientôt?
   ► Quand le verbe se termine par *e*, *a* ou *c*, un *t* intercalaire s'insère entre le verbe et le pronom sujet inversé. *Il aime* devient *aime-t-il?* Deux traits d'union entre le verbe, le *t* intercalaire et le pronom inversé.

4. Si tu n'as plus besoin du dictionnaire, **donne-le-moi**, s'il te plaît.
   ► Quand il y a deux pronoms compléments, le complément direct (*le*) se place avant le complément indirect (*moi*) et se joint au verbe et au complément indirect par deux traits d'union.
   ► L'expression *s'il te plaît* s'écrit sans trait d'union.

5. Te souviens-tu de ce jour-là?
   ► Trait d'union entre le verbe et le pronom sujet.
   ► L'adverbe *là* se joint par un trait d'union au nom qui le précède si celui-ci est précédé d'un déterminant démonstratif.

6. C'est là, sur cette île, que nous passerons la fin de semaine.
   ► Pas de trait d'union entre le verbe et l'adverbe.
   ► Pas de trait d'union dans *fin de semaine*.

7. Vas-y sans crainte, tu réussiras.
   ► Trait d'union entre le verbe et l'adverbe. À noter que, pour la liaison, on ajoute un *s* aux verbes qui n'en comportent pas à la deuxième personne du singulier de l'impératif. *Va*, mais *vas-y*, *pense*, mais *penses-y*.

8. Pourrais-je avoir le journal, demanda-t-il?
   ► Trait d'union dans la première inversion verbe, sujet.
   ► Quand le verbe se termine par *e*, *a* ou *c*, un *t* intercalaire s'insère entre le verbe et le pronom sujet inversé. *Il aime* devient *aime-t-il*? Deux traits d'union entre le verbe, le *t* intercalaire et le pronom inversé.

9. Prend-il soin de lui au moins?
   ► Le *d* final des formes verbales se prononce *t*.

10. Y a-t-il moyen de passer par ce chemin?
    ► Quand le verbe se termine par *e*, *a* ou *c*, un *t* intercalaire s'insère entre le verbe et le pronom sujet inversé. *Il aime* devient *aime-t-il*? Deux traits d'union entre le verbe, le *t* intercalaire et le pronom inversé.

**EXERCICE 19** **CORRIGÉ**

1. L'ambiguïté est un manque de clarté.
   ► *Clarté*, sans *i*, mais l'adjectif est *clair*.

2. J'ai acheté un balai chez le quincaillier.
   ► Un balai, sans *s*. Attention, *quincaillier* s'écrit bien avec *illi*.

3. L'affaire se conclura à la mairie.
   ► *Conclura*, sans *e*. Il s'agit du verbe *conclure*, et non *concluer.

4. Dès que la conférencière saluera la foule, tu t'assoiras.
   ► *Assoiras*, sans *e*. Le *e* entre le *s* et le *o* existe seulement à la forme de l'infinitif : *asseoir*.

5. Donnez-moi vos coordonnées sans délai.
   ► *Délai* prend un *s* au pluriel seulement.

6. *Prendre le relais* signifie « reprendre le flambeau ».
   ► *Relais* s'écrit avec un *s* au singulier comme au pluriel. Mais *flambeau* ne prend un *x* qu'au pluriel.

7. Ma lettre a été tirée au sort parmi tout le courrier reçu.
   ► *Parmi*, sans *s*.

8. Quelle féerie, ce champ de marguerites!
   ► Un champ, sans *s*.

9. Son seul remords est d'avoir tu la vérité.

   ▸ Vérité, sans *e*. Attention, un *remords*, avec un *s*.

10. Il a monté son coup à l'insu de tous.

**20** **CORRIGÉ**

1. Il s'agit du verbe *haïr* conjugué à la troisième personne du féminin singulier de l'indicatif présent.

   ▸ Ne pas oublier le tréma sur le *i*, sauf aux trois personnes du singulier de l'indicatif présent et à la deuxième personne du singulier de l'impératif.

   ▸ À noter que pour ces temps qui s'écrivent sans tréma, la prononciation est : je hais ['ɛ] (et non *a-i).

2. Il s'agit du verbe *savoir* conjugué à la troisième personne du féminin pluriel du futur.

3. Il s'agit du verbe *taire* conjugué à la troisième personne du féminin singulier du passé composé.

   ▸ *Se taire* est un verbe pronominal, qui s'accorde avec le sujet (*elle*).

4. Il s'agit du verbe *aller* conjugué à la première personne du pluriel du futur.

5. Il s'agit du verbe *falloir* conjugué à la troisième personne du masculin singulier au conditionnel présent.

   ▸ Le verbe *falloir* est un verbe impersonnel, c'est-à-dire qu'il ne peut se conjuguer qu'avec le pronom *il*, comme, par exemple, les verbes *pleuvoir* (*il pleut*), *neiger* (*il neige*).

6. Il s'agit du verbe *croître* conjugué à la troisième personne du masculin pluriel de l'indicatif présent.

   ▸ *Croître*, avec un accent circonflexe sur le *i*.

   ▸ Attention à bien faire l'accord du verbe *croître* avec son sujet (*les arbres et les plantes*) qui, par inversion, est placé après.

7. Il s'agit du verbe *fonder* conjugué à la troisième personne du masculin singulier du passé simple.

8. Il s'agit du verbe *moudre* conjugué à la troisième personne du féminin singulier de l'imparfait de l'indicatif.

9. Il s'agit du verbe *faillir* conjugué à la troisième personne du masculin singulier du passé simple.

10. Il s'agit du verbe *être* conjugué à la troisième personne du féminin singulier du conditionnel passé.

    ▸ Ne pas confondre avec la forme *aurait eu*, conditionnel passé du verbe *avoir*.

1. Les chefs d'État ont signé un traité proscrivant les armes nucléaires.
   ► *Proscrire* signifie « interdire »; *prescrire* signifie « recommander ». *Le médecin a prescrit un analgésique efficace.*
   ► À noter que le nom *état* au sens d'entité politique prend une majuscule. *Une affaire d'État*, mais *un état d'âme.*

2. Le phoque faisait tourner le ballon avec habileté.
   ► L'habileté est la maîtrise d'une activité physique ou intellectuelle; l'habilité est une aptitude légale. Le mot est surtout employé comme participe passé, *Marc est habilité à signer ces documents.*

3. Le témoin a tenté d'induire le jury en erreur.
   ► *Induire en erreur* signifie « tromper »; *enduire* signifie « recouvrir une surface d'un enduit ». *Enduire ses skis de fart.*

4. La Banque du Canada est chargée d'émettre les billets de banque.
   ► *Émettre* signifie « mettre en circulation »; *omettre* signifie « ne pas faire quelque chose ». *On a omis de nous prévenir.*

5. Les gens de ce village sont solidaires, ils ont organisé une corvée pour aider la famille sinistrée.
   ► *Solidaires* se dit de personnes qui sont liées entre elles par des intérêts communs; *solitaire* se dit d'une personne qui vit seule, qui aime la solitude. *Émilie est une personne solitaire.*

6. Le bébé contagieux a été mis à l'écart pour ne pas infecter d'autres enfants.
   ► *Infecter* signifie « contaminer »; *infester* signifie « envahir, dévaster ». *Les moustiques infestent cette région.*

7. Le magistrat a prononcé une allocution plutôt minable.
   ► Une allocution est un discours bref de caractère officiel; une allocation est une prestation en argent. *Line recevra une allocation de chômage.*

8. Un arbitre a été demandé pour régler le différend.
   ► Un différend est un désaccord; l'adjectif *différent* signifie « distinct ». *Les deux mots sont différents.*

9. L'ouvrier a affilé son couteau.
   ► *Affiler* signifie « aiguiser un instrument tranchant »; *effiler* signifie « défaire fil à fil ». *La couturière effile le bord du tissu.*

10. Nos supporters exultaient de nous voir si près de la ligne d'arrivée.
    ► *Exulter* signifie « éprouver une joie extrême »; *exalter* signifie « enthousiasmer, passionner ». *Cette bonne nouvelle l'a exalté.*

1. Un petit chien bâtard s'est installé dans un coin du bar.
   ► Ne pas oublier l'accent circonflexe sur *bâtard.*

2. Certains aiment les fèves au lard, d'autres préfèrent le steak tartare.
   ► Le steak tartare est une préparation de viande crue.

3. Au Québec, on appelle familièrement **prélart** ce qui est un linoléum.
   ▶ Dans le domaine de la marine, un prélart est une grosse toile imperméabilisée.

4. Yves était en **pétard** quand il a découvert le canular.
   ▶ L'expression *être en pétard* signifie « être en colère ».

5. Mon cousin et son frère **réparent** les chars du défilé.
   ▶ *Réparent* au pluriel, puisque le sujet est « mon cousin et son frère ».

6. Abdel a vu un **nénuphar** flottant dans une jarre à l'entrée du bazar.
   ▶ Le nom *bazar* désignait à l'origine un marché public en Orient. Puis il s'est généralisé pour désigner un marché quelconque. Par extension, on l'emploie aussi familièrement pour désigner des objets en désordre : *Range ton bazar, Oscar!*

7. Il marche en **canard**, mais ça ne l'empêche pas de faire le jars.
   ▶ *Marcher en canard* est une expression qu'on emploie pour parler de quelqu'un qui marche les pieds en dehors. *Faire le jars* est une expression du Québec qui signifie « faire l'important ».

8. On appelle **têtard** ou grenouillette le petit de la grenouille.

9. Le **lézard** se chauffe le dos au soleil, puis il part.

10. Ce **vantard** a été traité avec beaucoup trop d'égards.

EXERCICE 23 CORRIGÉ

1. Christophe Colomb **partit** d'Espagne le 3 août 1492.

2. Les couleurs de l'arc-en-ciel **vont** du rouge au violet.

3. Qui a dit : « Je vous **répondrai** par la bouche de mes canons » ?
   ▶ C'est Frontenac, gouverneur de la Nouvelle-France au XVIIe siècle, qui a répondu ainsi aux Anglais. Le Château Frontenac, à Québec, a été nommé en son honneur.

4. Si nous **avions su**, nous serions venus avant.
   ▶ Attention, après le *si* qui annonce une subordonnée hypothétique, le verbe est à l'imparfait (*si nous savions*) ou au plus-que-parfait (*si nous avions su*) et non au conditionnel (*\*si nous aurions su*).

5. Attention les enfants, ne **faites** pas de mal à la mouffette, elle risquerait de riposter!

6. L'hôte et l'hôtesse voulaient absolument que nous **reprenions** de tous les plats.

7. Qu'elle soit bonne ou mauvaise, il faut que vous **sachiez** la vérité.

8. Patrick **a dû** refaire son exercice deux fois.

9. J'ai bien peur qu'il **coure** deux lièvres à la fois.
   ▶ Attention à la terminaison en *e* pour le subjonctif. Au présent de l'indicatif, le verbe se termine par *t*. *Alain court deux lièvres à la fois.*

10. Il se fit un grand silence quand on **annonça** le numéro gagnant.
    ▶ Ne pas oublier la cédille sous le *c* (*ç*) devant la lettre *a*. *Il annonçait, mais nous annoncions.*

1. Dans la cuisine, nous mettrons un beau réfrigérateur avocat.
   ► De la couleur vert-jaune de l'avocat, fruit de l'avocatier. L'adjectif est invariable : *des blousons avocat*.

2. La pièce a été recouverte d'une moquette turquoise.
   ► Calque de l'anglais « wall to wall carpet » pour désigner une moquette, soit un tapis qui recouvre complètement le sol d'une pièce.

3. Le caissier a mis mon livret de banque à jour.

4. Au cinéma, j'ai vu la bande-annonce du dernier film de Tom Cruise.

5. Pour s'inscrire à la course, il faut remplir un questionnaire.
   ► On complète ce qui est incomplet. À moins qu'il n'y manque des questions, le questionnaire est complet, il ne reste qu'à remplir les espaces laissés libres.

6. Après l'inondation, il a fallu remplacer la cuvette.

7. Méfions-nous de la restauration rapide, il s'agit bien souvent de « néfaste-food ».
   ► On suggère aussi l'expression *prêt-à-manger*.

8. Le terrain de volley-ball mesure 9 mètres sur 18 mètres.

9. Ma cousine est partie depuis Noël, elle me manque beaucoup.
   ► La construction fautive provient de l'anglais « I miss her ».

10. Mon cours de théâtre a été annulé, je vais m'inscrire en marketing.
    ► Pour ce qui est de *marketing*, il faut noter que même si plusieurs équivalents ont été proposés pour le remplacer, le nom s'est imposé en français.

1. Irez-vous à la campagne cet été?
   ► Qui est-ce qui ira à la campagne? *Vous*, deuxième personne du pluriel. *J'irai*, mais *vous irez*.

2. Au cinéma, on présente deux films de Charlie Chaplin.
   ► Avec le pronom indéfini *on*, le verbe se met au singulier.

3. La réussite ou l'échec l'attend à la fin de l'épreuve.
   ► Qu'est-ce qui attend l'? *La réussite ou l'échec*.
   ► Dans certains cas, deux sujets unis par *ou* peuvent commander le pluriel. Cependant, quand il y a une idée d'exclusion (ici, ce sera la réussite dans un cas ou ce sera l'échec dans l'autre, mais pas les deux), le verbe se met au singulier.

4. C'est une vraie épidémie, on dirait que tout le monde est malade.
   ► Avec une locution à valeur collective (*tout le monde*), le verbe se met au singulier.

5. C'est l'espagnol qu'étudient Line et François.
   ► Qui est-ce qui étudie l'espagnol? Line et François. Le verbe se met au pluriel, *étudient*.

6. C'est toi qui l'accompagneras à la fête?

▶ Qui est-ce qui accompagnera l' à la fête? C'est *qui* mis pour *toi*.

▶ *Toi* est un pronom de la deuxième personne du singulier, l'accord doit donc se faire à la deuxième personne du singulier, *accompagneras*.

7. Pierre, Luc, Marie, bref toute ma famille habite rue Martin.

▶ Dans le cas des sujets repris par un mot (*famille*), le verbe s'accorde avec celui-ci.

8. Il existe au moins 24 ouvrages sur ce sujet.

▶ Le verbe impersonnel se met toujours au singulier. *Il existe un ouvrage, il existe deux ouvrages.*

9. Une tempête, peut-être même un cyclone se prépare.

▶ Quand il y a une idée de gradation, le verbe s'accorde avec le mot le plus près du verbe qui vient en quelque sorte remplacer le premier.

10. Luc, Martine, Nathalie, Paul et moi viendrons à 5 heures.

▶ Dans le cas des sujets de personnes différentes, le verbe se met au pluriel et à la personne qui a la priorité pour l'accord, la première personne l'emportant sur les deux autres. Ici, *moi* étant un pronom de la première personne, il l'emporte sur les autres sujets qui sont de la troisième personne. Le verbe s'accorde donc à la première personne du pluriel, *viendrons*.

EXERCICE **26** CORRIGÉ

1. Chat échaudé craint l'eau froide.

▶ Le chat déjà éprouvé est devenu si craintif qu'il craint même l'eau froide.

2. Les chiens aboient, la caravane passe.

▶ L'expression signifie qu'il faut laisser crier les envieux. Les chiens aboient, ce qui n'empêche pas la caravane de passer.

3. Il ne faut pas vendre la peau de l'ours avant de l'avoir tué.

▶ On dit aussi couramment : *il ne faut pas vendre la peau de l'ours*, sans autre spécification.

▶ L'expression signifie qu'il vaut mieux ne pas se faire des illusions.

▶ L'expression provient d'une fable de La Fontaine où il est dit : « Il ne faut pas vendre la peau de l'ours avant qu'on ne l'ait mis à terre. »

4. A beau mentir qui vient de loin.

▶ Il y a confusion entre deux proverbes.

▶ *A beau mentir qui vient de loin* signifie qu'il est facile à une personne de raconter des choses fausses quand on ne peut pas vérifier ses propos.

▶ L'autre proverbe, qui n'a rien à voir avec le premier, est : *Qui trop embrasse mal étreint*, soit : celui qui entreprend trop de choses à la fois risque de ne rien réussir.

5. Payer rubis sur l'ongle.

▶ L'expression signifie « payer comptant et jusqu'au dernier sou ».

6. Fumer le calumet de la paix.
   ▶ L'expression signifie « faire la paix ».
   ▶ L'expression a son origine dans les coutumes amérindiennes où on fumait le calumet, c'est-à-dire une longue pipe, en signe de paix.
   ▶ Le nom *calumet* a la même origine que *chalumeau,* tuyau de roseau, flûte ou outil produisant un jet de gaz enflammé.

7. Découvrir le pot aux roses.
   ▶ L'expression signifie « découvrir le secret, la réalité cachée ».

8. Mener une vie de bâton de chaise.
   ▶ L'expression signifie « mener une vie agitée ».

9. Ni chair ni poisson.
   ▶ L'expression signifie « sans caractère, imprécis ». *Un texte ni chair ni poisson.*

10. N'être pas à prendre avec des pincettes.
    ▶ L'expression signifie que la personne est tellement sale (à l'origine) ou de si mauvaise humeur, qu'il vaut mieux ne pas la toucher, même avec des pincettes.

**EXERCICE 27** **CORRIGÉ**

1. Philippe a les pores de la peau dilatés.
   ▶ Le nom *pore* est du genre masculin, *un pore.*

2. Qui veut la fin prend les moyens.
   ▶ Le verbe qui a comme sujet *qui,* mis pour *celui qui,* se met au singulier.

3. Jean connaît les prénoms des quatre Dalton.
   ▶ Les déterminants numéraux cardinaux sont invariables, sauf *un* qui peut se mettre au féminin (*trente et une bougies*), et *vingt* et *cent,* qui prennent la marque du pluriel lorsqu'ils sont multipliés par un nombre et qu'ils ne sont pas suivis d'un autre déterminant numéral (*trois cents hommes, trois cent vingt hommes, quatre-vingts exceptions, quatre-vingt-deux livres*).
   ▶ Pour sa part, Lucky Luke connaît bien Joe, William, Jack et Averell Dalton.

4. Le Bédouin s'est écrié : quelle belle oasis!
   ▶ Le nom *oasis* est du genre féminin, *une oasis.*

5. On aurait pu faire cuire un œuf sur l'asphalte brûlant.
   ▶ Le nom *asphalte* est du genre masculin, *un asphalte.*

6. C'est Paul ou Pierre qui est arrivé le premier?
   ▶ Qui est arrivé le premier? C'est Pierre ou Paul, mais pas les deux, le verbe se met donc au singulier.

7. Julie et François ont été mis sur la mauvaise voie.
   ▶ Avec deux sujets de genres différents, le participe se met au masculin pluriel.

8. Le concierge leur a interdit l'accès à l'école.
   ▶ *Leur* est un pronom personnel pluriel qui ne prend pas la marque du pluriel.

9. Une grosse journée nous attend demain, il vaut mieux nous coucher tôt.
   ▶ Le pronom personnel de la troisième personne du singulier ou du pluriel *se* ne peut pas représenter le pronom *nous.*

10. Ces écoliers préfèrent leur titulaire à celui de la classe voisine.
    ► On compare le titulaire d'une classe à un autre, *leur titulaire* ne peut être qu'au singulier.

**EXERCICE 28** CORRIGÉ

1. Son ami **australien** lui a offert un boomerang.
   ► Les adjectifs de nationalité ne prennent pas la majuscule. *Un Australien, mais un joueur australien.*

2. Marcel pèse 81 kg, c'est un **boxeur** de poids mi-lourd.
   ► Le nom commun *boxeur*, comme les noms de métier, d'occupation ne prend pas de majuscule.

3. Écrivez-moi au 5 de la **rue** Fabien.
   ► Dans une adresse, les noms de voies de circulation (*rue, boulevard, avenue...*) ne prennent pas de majuscule.
   ► Cependant les noms de rues, d'avenues caractérisés par un adjectif numéral ordinal s'écrivent généralement en chiffres arabes et avec une majuscule. *La 5ᵉ Avenue, la 45ᵉ Rue.*

4. En **novembre**, on a souligné l'anniversaire de la mort de René Lévesque.
   ► Les noms de mois s'écrivent sans majuscule initiale.

5. Yan pratique le **bouddhisme**.
   ► Les noms de religion s'écrivent sans majuscule initiale.

6. J'ai vu les **montagnes Rocheuses**.
   ► Dans les noms géographiques, le nom commun (*montagne*) s'écrit avec une minuscule, tandis que le nom propre ou l'adjectif prend la majuscule. *L'océan Atlantique.*

7. Il a appelé son **saint-bernard** : Tonton.
   ► Les noms d'espèce de chiens ne prennent pas la majuscule.

8. L'Argentine est un pays de l'Amérique du Sud. **C'**est un très beau pays.
   ► Après un point indiquant la fin d'une phrase, le premier mot de la phrase suivante prend la majuscule.

9. Vérifie ces mots dans un **dictionnaire** avant de rendre ton travail.
   ► Les titres d'œuvres s'écrivent avec une majuscule, mais le nom d'une sorte d'ouvrage est un nom commun : *un dictionnaire, un roman, un atlas.*

10. Nous avons raté le train de 10 h 50.
    ► Le symbole *h* (pour *heure*) s'écrit avec une minuscule.

**EXERCICE 29** CORRIGÉ

Les cinq noms qui s'écrivent sans *s* au singulier sont :
un pari – un pli – un bravo – un champ – un sou

**EXERCICE 30** CORRIGÉ

**A.** Depuis des mois la chambre d'Éric était sens dessus dessous, mais Éric ne s'en faisait pas. Jusqu'au jour où il faillit perdre son sang-froid en se rendant compte qu'il n'arrivait même plus à retrouver Samson, son poisson rouge, dans un tel désordre. Éric décida de s'attaquer au rangement sans tarder.
  ▶ *Sens dessus dessous* : *sens,* comme dans l'expression *sens devant derrière.*
  ▶ *S'en faire* : il s'agit ici de la forme élidée du pronom personnel *se,* qui accompagne les verbes pronominaux et du pronom *en.*
**B1.** Elle erre depuis hier dans l'appartement avec un air sombre.
**B2.** Près de la garderie, on a aménagé une aire de jeu pour les enfants.
  ▶ On écrit : *une aire de jeu* ou *de jeux.* On parle aussi d'une aire d'atterrissage, d'une aire de stationnement, etc.
**B3.** L'ère du Verseau a fait beaucoup parler les astrologues.
  ▶ Le nom *ère* signifie « époque, période ». *L'ère industrielle. Une ère nouvelle.* Le nom est féminin.
**B4.** Le navire continuait sur son erre; le capitaine en profita pour fredonner un petit air.
  ▶ *Une erre* : terme de marine qui désigne la vitesse acquise d'un navire, et que l'on a conservé au Québec dans l'expression l'*erre d'aller.*
**C.** Sous le soleil depuis cinq heures, il se sentait étourdi, presque soûl. Quelles vacances! Ce n'était pas la peine d'avoir épargné sou par sou pendant toute l'année pour échouer dans une auberge aussi propre qu'une soue.
  ▶ On écrit *soûl* ou *saoul,* mais cette dernière graphie est vieillie.
  ▶ Les R.O. acceptent : *soul.*
**D.** Les yeux tournés vers le ciel, Gaston récitait des vers quand, voulant boire une gorgée d'eau, il s'aperçut qu'un ver s'était glissé dans son verre, qu'il avait posé sur le vert gazon!
  ▶ On récite **des** vers ou **un** vers, toujours avec un *s.*
  ▶ Évidemment, le ver qui s'est glissé dans le verre ne peut être qu'un ver de terre. *Un ver de terre, des vers de terre.*

**EXERCICE 31** CORRIGÉ

**1.** Le nouveau-né que ma grand-mère a serré sur son cœur...
  ▶ Le participe passé employé avec l'auxiliaire *avoir* s'accorde avec le complément direct, s'il est placé avant. *Ma grand-mère a serré qui? que,* mis pour *nouveau-né.* Le CD étant placé avant le verbe, le participe s'accorde au masculin singulier.
**2.** Les étudiants seront serrés comme des sardines...

▶ Le participe passé employé avec l'auxiliaire *être* s'accorde avec son sujet (*étudiants*).

3. Les deux chefs d'État se sont serré la main.

   ▶ À la forme pronominale, le participe passé s'accorde avec le CD s'il est placé avant le verbe. *Les... ont serré quoi? la main.* Le CD étant placé après le verbe, l'accord ne se fait pas.

4. Les fillettes s'étaient serrées l'une contre l'autre...

   ▶ À la forme pronominale, le participe passé s'accorde avec le CD s'il est placé avant *(s',* qui représente *les fillettes).* Le participe s'accorde donc au féminin pluriel.

5. Luc a essuyé les assiettes que Marie a serrées dans l'armoire.

   ▶ Le participe passé employé avec l'auxiliaire *avoir* s'accorde avec le CD s'il est placé avant. *Marie a serré quoi? que,* mis pour *assiettes.* Le CD étant placé avant le verbe, le participe s'accorde au féminin pluriel.

   ▶ Cet usage du verbe *serrer* au sens de « ranger » est courant au Québec, mais il est vieilli dans le reste de la francophonie.

6. Louise s'est serré la ceinture depuis six mois pour se payer un vélo.

   ▶ À la forme pronominale, le participe passé s'accorde avec le CD s'il est placé avant. *Louise a serré quoi? la ceinture.* Le CD étant placé après le verbe, l'accord ne se fait pas.

7. Martine a crié de douleur parce que sa sœur lui aurait serré le bras...

   ▶ Le participe passé employé avec l'auxiliaire *avoir* s'accorde avec le CD s'il est placé avant. *Sa sœur lui aurait serré quoi? le bras.* Le CD étant placé après le verbe, l'accord ne se fait pas.

8. Jean, Sylvain et Fleurette se sont serré les coudes...

   ▶ À la forme pronominale, le participe passé s'accorde avec le CD s'il est placé avant. *Jean... ont serré quoi? les coudes.* Le CD étant placé après le verbe, l'accord ne se fait pas.

9. Tous les boulons que l'ouvrier avait serrés étaient à resserrer.

   ▶ Le participe passé employé avec l'auxiliaire *avoir* s'accorde avec le CD s'il est placé avant. *L'ouvrier avait serré quoi? que,* mis pour *boulons.* Le CD étant placé avant le verbe, le participe s'accorde au masculin pluriel.

   ▶ Ne pas confondre le boulon et la vis. Le boulon est un dispositif de fixation composé d'une tige et d'un écrou. La vis est une tige filetée qui se fixe sans écrou.

10. Les automobilistes ont serré à droite...

   ▶ Le participe passé employé avec l'auxiliaire *avoir* s'accorde avec le CD. Le verbe *serrer* en ce sens est un verbe intransitif, soit un verbe qui n'a pas de CD. Le participe reste donc invariable.

   ▶ À noter qu'on dit *serrez à droite* ou *tenez la droite* et non *gardez la droite,* qui est un calque de l'anglais « keep to the right ».

CORRIGÉ

1. Il conclura son discours par des remerciements.
2. Je ne crois pas vraiment que tu aies raison.
3. Cette récompense, il l'a souhaitée à l'envi.
4. Les données inutiles ont été exclues avant de commencer l'essai.
5. Toutes les coordonnées sont notées sur la pièce d'identité.
6. C'est par une crevasse de la paroi de la grotte qu'on a découvert le macchabée.
7. Dès son arrivée à Tahiti, il a été séduit par les belles vahinés et le verdoiement de la végétation.
8. Sa faute à demi avouée remuera sûrement le cœur de son copain.
   ▶ La locution *à demi* est invariable.
9. Elle veut absolument habiter le rez-de-chaussée, juste à côté de l'entrée.
10. Bouleversée par la mauvaise nouvelle, elle a fait une poussée d'acné.
    ▶ Le nom *acné* est féminin et s'écrit sans *e* final : *une acné.*

CORRIGÉ

1. Les défenses d'éléphant atteignent 3,50 m chez certaines espèces.
   ▶ Les symboles des unités de mesure s'écrivent sans point et ne prennent pas la marque du pluriel.
   ▶ À noter que dans le cas d'une fraction décimale, on écrit 3,50 m et non *3 m 50.
2. Consulter le chap. 2 de la p. 40.
   ▶ L'abréviation du pluriel *pages* est aussi *p.*; l'abréviation *pp.* est vieillie.
3. Les prix Nobel de la paix 1957 et 1983 ont été attribués à MM. Lester Pearson et Lech Walesa respectivement.
   ▶ Deux majuscules suivies d'un point. L'abréviation du singulier *monsieur* est M., avec un point abréviatif final.
4. Adressez votre demande à la C. P. 60.
   ▶ L'expression *boîte postale* et son abréviation *B. P.* sont aussi acceptées.
5. Dans 1 cm$^3$ d'eau, il y a des milliards de milliards de molécules.
6. Il a étudié la guitare, le piano, le violon, etc., on peut dire qu'il connaît la musique!
   ▶ L'abréviation *etc.* s'écrit avec un point final. La forme *etc..., suivie de points de suspension, est fautive.
   ▶ L'abréviation *etc.* est toujours précédée d'une virgule.
   ▶ Attention à la prononciation des premières lettres : etsé [ɛtsetera] et non *etché.
7. La livraison se fera dans 10 jours, c.-à-d. le 2 septembre.
   ▶ Cette abréviation est préférable à l'abréviation *i.e.* des mots latins *id est*, utilisée surtout en anglais.
8. La mention 1,5 sur une pile électrique signifie qu'il existe une tension de

1,5 V entre les deux pôles de la pile.

▶ Le symbole s'écrit avec une majuscule. Les symboles des unités de mesure s'écrivent sans point abréviatif et ne prennent pas la marque du pluriel.

9. L'épreuve a duré 2 h 25 min 24 s exactement.

▶ Les symboles des unités de mesure s'écrivent sans point abréviatif et ne prennent pas la marque du pluriel.

10. À 0 °C, la glace fond.

▶ Les symboles °C suivent le nombre et sont séparés de celui-ci par un espacement.

▶ L'expression *degré centigrade est ancienne et a été remplacée par *degré Celsius*.

**EXERCICE 34** CORRIGÉ

1. une erreur bénigne

▶ Le contraire de *bénin* est *malin*, qui fait aussi *maligne* au féminin. *Une maladie maligne.*

2. la chatte angora

▶ L'adjectif est invariable en genre *(un chat angora, une chatte angora)*, mais variable en nombre *(des chats angoras, des chattes angoras)*.

3. l'approche la rend très inquiète

▶ Pas d'accent grave pour la finale du masculin *(inquiet)*, un accent grave au féminin *(inquiète)*.

4. cette chemise est chère

▶ L'adjectif s'accorde; accent grave au féminin.

▶ Le mot *cher* employé comme adverbe *(les vêtements coûtent cher)* est invariable.

5. une femme rigolote

6. la cuisine turque

▶ *Turque*, sans *c*.

▶ L'adjectif s'écrit avec une minuscule initiale, le nom avec une majuscule. *Un café turc. Un Turc, une Turque.* Le nom de la langue s'écrit avec une minuscule. *Étudier le turc.*

7. la tortue est un peu lambine

8. Mariette est plutôt snob

▶ L'adjectif est invariable en genre *(il est snob, elle est snob)*, mais variable en nombre *(ils sont snobs, elles sont snobs)*.

9. une déclaration publique

10. la mythologie grecque

▶ *Grecque*, avec *c*.

▶ L'adjectif s'écrit avec une minuscule initiale, le nom avec une majuscule. *Une danse grecque. Un Grec, une Grecque.* Le nom de la langue s'écrit avec une minuscule. *Étudier le grec.*

1. **dans le journal**
   ▶ On lit quelque chose *dans un journal*, comme on lit quelque chose *dans un livre, dans un magazine.* D'ailleurs, si le nom du journal est cité, on fait rarement cette erreur. *J'ai lu tel article dans* La Presse, *dans* Le Devoir.

2. **siéger à un comité**
   ▶ *Siéger sur un comité est un calque de l'anglais « to sit on a committee ».

3. **dans l'avion**
   ▶ Se rencontrer *sur* un avion relèverait plutôt de l'acrobatie aérienne!

4. **dans la rue**
   ▶ *Sur la rue est un calque de l'anglais « on the street ». Mais on dit : *sur* un boulevard et *dans* ou *sur* une avenue.

5. **j'avais l'impression que**
   ▶ On entend *être sur ou *être sous l'impression : les deux expressions sont fautives.

6. **dans une ferme**
   ▶ On peut aussi travailler *à* la ferme.

7. **dans le fauteuil**
   ▶ On s'assoit *dans* un fauteuil, mais *sur* une chaise, *sur* un tabouret.

8. **au téléphone**
   ▶ Passer la journée *sur le téléphone risque de devenir un peu inconfortable.
   ▶ *Sur le téléphone est un calque de l'anglais « on the telephone ».

9. **elle prend des pilules**
   ▶ *Être sur les pilules est un calque de l'anglais « to be on pills ».

10. **là-dessus**
    ▶ On dit aussi : *à ce sujet.*
    ▶ *Sur ça est un calque de l'anglais « on that ».

1. **quelles gentillesses**
   ▶ Le déterminant interrogatif *quel* s'accorde avec le nom qui le suit (*gentillesses*).

2. **quelle belle soirée**
   ▶ Le déterminant exclamatif *quel* s'accorde avec le nom qui le suit (*soirée*).

3. **quelle que soit la température**
   ▶ Le déterminant relatif *quel que* s'accorde avec le sujet du verbe (*température*).

4. **quelque 5000 personnes**
   ▶ L'adverbe *quelque* signifie ici « environ ». *Quelque*, adverbe, est toujours invariable.

5. **quelle heure**
   ▶ Le déterminant interrogatif *quel* s'accorde avec le nom qui le suit (*heure*).

6. qu'elle a chantées
   ▸ Il s'agit ici du pronom *que* et du pronom personnel *elle*. On pourrait d'ailleurs remplacer *elle* par un autre pronom personnel (*qu'il, que nous...*).

7. quelques personnes
   ▸ *Quelque* signifie ici « un certain nombre »; il s'agit d'un déterminant indéfini, qui s'accorde avec le nom qui le suit.

8. qu'elles viennent
   ▸ Il s'agit ici de la conjonction *que* et du pronom personnel *elles*. On pourrait d'ailleurs remplacer *elles* par un autre pronom personnel (*qu'il, que nous...*).

9. quels que soient ton enthousiasme et ta joie
   ▸ Le déterminant relatif *quel que* s'accorde avec les sujets du verbe (*enthousiasme et joie*).

10. quelque vingt-cinq ans
    ▸ L'adverbe *quelque* signifie ici « environ ». *Quelque*, adverbe, est toujours invariable.

**EXERCICE 37** CORRIGÉ

### Homophones : *cou, coud, coup, coût.*

1. D
   ▸ Le coût d'un article.

2. B
   ▸ Le cou, les cous.

3. A
   ▸ Recevoir un coup, un coup de poing, des coups de poing.

4. C
   ▸ La couturière coud, le chirurgien coud les plaies et le relieur coud les différents cahiers qui forment un livre.

### Homophones : saut, sceau, seau, sot.

1. B
   ▸ C'est le même *seau* qui figure dans l'expression : *il pleut à seaux* (*il pleut à siaux* est un archaïsme).

2. A
   ▸ Eh oui, le sot, c'est toujours l'autre! Un sot, une sotte.

3. D
   ▸ Saut à la perche, saut athlétique, saut en patinage artistique, saut en parachute...

4. C
   ▸ L'expression *sous le sceau* du secret signifie « confidentiellement ».

**Homophones : *août, hou!, houx, ou, où*.**

**1.** D
> ▶ Adverbe interrogatif : *Où allez-vous?* Pronom relatif : *La maison où elle est née.*

**2.** A
> ▶ En effet, le houx fait partie des réjouissances du temps des fêtes dans beaucoup de pays. Au Québec, où le houx ne pousse pas, on le rencontre surtout en représentation comme ornement.

**3.** E
> ▶ Le nom *août* se prononce *ou*, en une seule syllabe.
> ▶ Les R.O. acceptent : *aout*.

**4.** B
> ▶ *J'irai ou je n'irai pas. Lequel choisir : le rouge ou le noir?* Quand on peut remplacer *ou* par *ou bien*, il s'agit toujours de la conjonction *ou* qui s'écrit sans accent.

**5.** C
> ▶ Interjection poussée en signe de réprobation. Au Québec, on entend beaucoup : *chou!* qui nous vient de l'anglais « shoo! »

**EXERCICE 38** CORRIGÉ

**1.** jusqu'à ce que tu reviennes
> ▶ La locution conjonctive *jusqu'à ce que* commande le subjonctif.
> ▶ Contrairement à la plupart des locutions conjonctives de temps qui sont suivies de l'indicatif, *jusqu'à ce que* exprime une incertitude et impose le subjonctif.

**2.** bien que vous soyez
> ▶ La locution conjonctive *bien que* commande le subjonctif.
> ▶ La plupart des locutions conjonctives de concession, telle la locution *bien que*, sont suivies du subjonctif.
> ▶ Attention à l'écriture de *soyez* (et non *soyiez).

**3.** dès que la sonnette se fait entendre
> ▶ La locution conjonctive *dès que* commande l'indicatif.
> ▶ La plupart des locutions conjonctives de temps, telle la locution *dès que*, sont suivies de l'indicatif.

**4.** à condition que son budget le lui permette
> ▶ La locution conjonctive *à condition que* commande le subjonctif.
> ▶ Certaines conjonctions de condition, telle la conjonction *à condition que* qui exprime une incertitude, sont suivies du subjonctif.

**5.** à supposer qu'elle réponde
> ▶ La locution conjonctive *à supposer que* commande le subjonctif.
> ▶ Certaines locutions conjonctives de condition, telle la locution *à supposer que* qui exprime une incertitude, sont suivies du subjonctif.

6. en attendant que notre collègue guérisse
   ▶ La locution conjonctive *en attendant que* commande le subjonctif.
   ▶ Contrairement à la plupart des locutions conjonctives de temps, qui sont suivies de l'indicatif, *en attendant que* exprime une incertitude et impose le subjonctif.

7. sauf qu'il ment
   ▶ La locution conjonctive *sauf que* commande l'indicatif.
   ▶ Certaines locutions conjonctives de condition, telle la locution *sauf que,* qui exprime une réserve, sont suivies de l'indicatif.

8. ainsi que le veut
   ▶ La locution conjonctive *ainsi que* commande l'indicatif.
   ▶ La plupart des locutions conjonctives de comparaison, telle la locution *ainsi que,* sont suivies de l'indicatif.

9. si le temps le permet
   ▶ La conjonction *si* commande l'indicatif.
   ▶ La plupart des conjonctions de condition, telle la conjonction *si,* sont suivies de l'indicatif.

10. en admettant que tu partes
    ▶ La locution conjonctive *en admettant que* commande le subjonctif.
    ▶ Certaines locutions conjonctives de condition, telle la locution *en admettant que,* qui exprime une incertitude, sont suivies du subjonctif.

### CORRIGÉ

1. deux pommes de terre
   ▶ *Une pomme de terre.*

2. un laissez-passer
   ▶ Le nom est invariable : *des laissez-passer.*

3. un maître chanteur
   ▶ *Des maîtres chanteurs.* Ce nom n'a pas de forme féminine.

4. les raz de marée ou raz-de-marée
   ▶ Le nom est invariable et s'écrit avec ou sans traits d'union.

5. son porte-clé(s) ou son porte-clef(s)
   ▶ *Des porte-clés* ou *des porte-clefs.*
   ▶ Les R.O. admettent : *un porteclé, des porteclés.*

6. son porte-monnaie
   ▶ Le nom est invariable : *des porte-monnaie.*
   ▶ Les R.O. admettent : *un portemonnaie, des portemonnaies.*

7. au rez-de-chaussée
   ▶ Le nom est invariable : *des rez-de-chaussée.*

8. le nom contrecoup
   ▶ Le nom s'écrit en un seul mot : *des contrecoups.*

**9.** le sous-marin
  ▶ *Des sous-marins.*

**10.** le réveille-matin
  ▶ Le nom est invariable : *des réveille-matin.*
  ▶ On dit aussi : *un réveil, des réveils.*
  ▶ Le nom *cadran*, qui désigne la surface divisée et graduée de certains appareils, est une impropriété au sens de *réveille-matin.*
  ▶ Les R.O. admettent : *des réveille-matins.*

**1.** en a ras le bol de
  ▶ L'expression familière s'écrit sans trait d'union. Le nom s'écrit avec des traits d'union : *un ras-le-bol.*

**2.** lui a répondu du tac au tac
  ▶ On répond du *tac au tac*, mais on peut écouter le *tic-tac* d'une horloge.

**3.** de bouche à oreille
  ▶ Les légendes, comme les secrets, se transmettent de bouche à oreille.
  ▶ Quant au bouche-à-bouche, il s'agit d'un procédé de réanimation par lequel le sauveteur souffle de l'air dans la bouche de la personne asphyxiée, noyée, etc.

**4.** à la bonne franquette
  ▶ L'expression *à la bonne franquette* signifie « sans cérémonie ». Il s'agit de la version moderne de *à la franquette,* qui signifie « franchement ».
  ▶ Le nom *flanquette n'existe pas.

**5.** il en parle à bon escient
  ▶ L'expression *à bon escient* signifie « avec discernement ».
  ▶ Le nom *céans* est un mot vieilli qui signifie « ici ». *Le maître de céans.*

**6.** tout un chacun est invité
  ▶ L'expression *tout un chacun* signifie « tout le monde ». À noter que cette expression demande l'accord au singulier.

**7.** mi-figue, mi-raisin
  ▶ La locution figée *mi-figue, mi-raisin* exprime un mélange de satisfaction et de mécontentement.

**8.** damerait le pion
  ▶ La locution *damer le pion* signifie « l'emporter sur quelqu'un, surpasser quelqu'un ». L'expression provient du jeu de dames.

**9.** les tenants et les aboutissants
  ▶ L'expression, utilisée en droit, signifie « tous les éléments d'une affaire, d'une question ».

**10.** n'a pas eu l'heur
  ▶ Il s'agit d'un vieux mot *heur* (signifiant « chance »), qui n'est plus utilisé que dans la locution figée *avoir l'heur de plaire à quelqu'un.*

1. C'est un bandit notoire.
   ▸ *Notoire*, qui est bien connu.
   ▸ *Notable* se dit d'une personne qui a une situation sociale importante.

2. Susceptible comme il est, Philippe n'a pas supporté la plaisanterie.
   ▸ *Susceptible* se dit d'une personne qui se vexe facilement.
   ▸ *Suspecte* se dit d'une personne qui inspire des soupçons.

3. Après 24 heures de douleurs intestinales, Monique a finalement consulté le médecin.
   ▸ *Intestinal*, qui se rapporte à l'intestin.
   ▸ *Intestin*, intérieur. L'adjectif s'emploie généralement au féminin. *Des guerres intestines divisent ce pays.*

4. François a étalé son travail sur deux semaines.
   ▸ *Étaler*, répartir.
   ▸ *Étalonner*, mesurer par comparaison avec un étalon.

5. Quand la journaliste est arrivée, le vol venait juste d'être perpétré.
   ▸ *Perpétrer*, commettre un délit.
   ▸ *Perpétuer*, immortaliser. *Le nom du musée perpétue celui d'un grand peintre.*

6. Mario est un vrai prodige, à quatre ans il sait déjà lire!
   ▸ Un prodige est une personne extrêmement précoce.
   ▸ Un prodigue distribue ses biens abondamment.

7. Line a tellement peur d'avaler un champignon vénéneux, qu'elle ne mange jamais de ce végétal.
   ▸ *Vénéneux* se dit de végétaux, de substances minérales qui contiennent une substance toxique.
   ▸ *Venimeux* se dit d'un animal qui peut injecter du venin. *Un serpent venimeux.*

8. L'accusation était formelle : vol avec effraction.
   ▸ Une effraction est un vol avec forcement d'une serrure, d'une fenêtre, etc.
   ▸ Une infraction est une violation d'une loi, d'un règlement.

9. Trop tard, notre pauvre Fido était déjà en train d'agoniser.
   ▸ *Agoniser*, être sur le point de mourir.
   ▸ *Agonir*, accabler. *Agonir quelqu'un d'injures.*

10. Pour son anniversaire, on a offert un portefeuille en maroquin rouge à Louis.
    ▸ Le maroquin est une sorte de cuir de chèvre ou de mouton.
    ▸ Le mot *marocain* se dit de ce qui est relatif au Maroc. *Une coutume marocaine. Un Marocain nommé Karim.*

1. babillard
   ▸ Un babillard est un tableau d'affichage.

2. échevin
   ▶ Le nom *échevin* est vieilli. On dit aujourd'hui : conseiller municipal, conseillère municipale.
   ▶ À noter que la première syllabe du nom *bedaine*, qui n'est pas un québécisme, se prononce be (et non *bé).

3. débarbouillette
   ▶ La débarbouillette est une petite serviette de toilette qui sert au même usage que le gant de toilette en France, sans avoir cependant la même forme.

4. rang
   ▶ Le rang est une portion de territoirc, constituée d'une série de lots parallèles s'allongeant à partir d'une ligne, d'un cours d'eau ou d'un chemin et où, le cas échéant, s'alignent les habitations.

5. brunante
   ▶ La brunante est la tombée de la nuit.

6. bleuets
   ▶ Espèce d'airelle myrtille.

7. dépanneur
   ▶ Le dépanneur est un établissement où l'on vend des aliments et une gamme restreinte d'articles de consommation courante, et dont les heures et jours d'ouverture s'étendent au-delà des heures et jours habituels des établissements commerciaux. Le terme est un régionalisme sans réel équivalent dans la francophonie.

8. magasinage
   ▶ Le magasinage est l'action de faire des courses.

9. motoneige
   ▶ La motoneige est un véhicule muni de skis et de chenilles destiné au transport sur la neige. *Des motoneiges* (et non des *skidoos).
   ▶ Un Naskapi est un Amérindien d'une nation autochtone du Québec. *Une Naskapie. La culture naskapie.*

10. maskinongé
    ▶ Poisson d'eau douce de la famille du brochet.
    ▶ Ce nom est un amérindianisme.

**EXERCICE 43 CORRIGÉ**

1. Non. Le *s* du mot *maths* est muet [mat], comme il est muet dans le nom *mathématiques*.

2. Le nom rime avec *eau* [zo] (ou *animaux!*).

3. Le mot rime avec *loup* [kɑ̃talu]. À noter que le nom est masculin : *un cantaloup*.

4. Oui.

5. Le nom rime avec *point* [ʃɑ̃pwɛ̃].
   ▶ À noter que le nom s'écrit aussi *shampoing*.

6. Le *t* se prononce *s* : [minysi].

7. Le o est fermé [atɔm] comme dans le mot *trop*.

8. Le verbe *osciller* rime avec *piler* et se prononce donc [ɔsile].

9. Le nom rime avec *sur*, il se prononce donc [gaʒyr].
   ▶ Le *e* entre le *g* et le *u* adoucit le son du *g*, contrairement aux lettres *gu*, comme dans fi*gu*re.

10. La première syllabe de *quatuor* se prononce *koua* [kwatɥɔr].

## 44   CORRIGÉ

1. La conjonction de coordination et marque un rapport de liaison.

2. La locution conjonctive de coordination c'est pourquoi marque un rapport de conséquence.

3. La locution conjonctive de coordination de plus marque un rapport d'addition.

4. La conjonction de coordination car marque un rapport de cause.
   ▶ Les conjonctions *car* et *en effet* étant généralement synonymes, elles ne s'emploient pas ensemble. *Lisette apprend l'espagnol, \*car en effet elle doit aller à Madrid.*

5. La conjonction de coordination mais marque un rapport de concession.

6. La conjonction de coordination c'est-à-dire marque un rapport d'explication.

7. La conjonction de coordination cependant marque un rapport d'opposition.

8. La locution conjonctive de coordination du moins marque un rapport de concession.

9. La conjonction de coordination ou marque un rapport d'alternative.

10. La conjonction de coordination donc marque un rapport de conséquence.
    ▶ C'est le philosophe, mathématicien et physicien français René Descartes (1596-1650), dans *Méditations métaphysiques,* publié en 1641.

## 45   CORRIGÉ

1. Le chien a été retrouvé, criblé de balles, par le voisin.
   ▶ Ponctuée de cette façon, la phrase signifie que le chien, criblé de balles, a été retrouvé par le voisin.
   ▶ *Le chien a été retrouvé, criblé de balles par le voisin.* Ponctuée ainsi, la phrase signifie que le chien a été retrouvé et qu'il a été criblé de balles par le voisin.

2. Tu n'est qu'un... Bon, je préfère ne rien dire!
   ▶ Les points de suspension remplacent un mot qui nous échappe ou, comme ici, un mot qu'on préfère ne pas dire.
   ▶ Le point d'exclamation s'emploie pour exprimer la joie, la surprise, l'indignation, etc.

3. Combien de mots peux-tu former avec les lettres **REPSEAG**?
   ▶ Ne pas oublier de terminer une phrase interrogative par un point d'interrogation.

► Au fait, on peut former, par exemple, les mots *présage* et *asperge*.

4. Mireille habite le 7560 de la rue Picotte et Nicole travaille au 45, boul. René-Lévesque.

    ► Dans une adresse, le numéro civique est séparé du nom de la rue par une virgule (45, boul. René-Lévesque); toutefois, si l'article est utilisé, la virgule est omise (habiter le 7560 de la rue Picotte).

5. Le lama est un animal doux, mais il peut vous cracher au visage s'il se sent nerveux.

    ► La conjonction *mais* est généralement précédée d'une virgule.

6. En 1984, Marc Garneau, un des six premiers astronautes canadiens, a participé à une mission spatiale à bord de la navette *Challenger*.

    ► Virgules pour encadrer une apposition (*un des six premiers astronautes canadiens*), qui pourrait être supprimée sans nuire au sens de la phrase.

7. La gourgane, qui provient de la fève des marais, est très prisée au Lac-Saint-Jean.

    ► Dans le cas d'une proposition relative (*qui provient de la fève des marais*), qui ajoute une explication, sans être essentielle au sens de la phrase, cette proposition se met entre virgules. L'absence de virgule (*La gourgane qui provient de la fève des marais est très prisée au Lac-Saint-Jean*) laisserait croire que l'on parle d'une variété de gourgane qui provient de la fève des marais, par rapport à une autre variété de gourgane.

8. Me diriez-vous comment me rendre à Québec, s'il vous plaît?

    ► Pas de virgule entre le verbe et le complément, à moins d'un élément entre virgules (*Me diriez-vous, Monsieur, comment me rendre à Québec, s'il vous plaît?*)

    ► La formule de politesse *s'il vous plaît* est précédée ou suivie d'une virgule selon qu'elle termine ou commence une phrase, ou encadrée de virgules si elle est insérée dans une phrase.

    ► Ne pas oublier de terminer une phrase interrogative par un point d'interrogation.

9. De nombreuses espèces de champignons sont vénéneuses; certaines variétés d'amanites, par exemple, sont même mortelles.

    ► Jamais de virgule entre le sujet (*nombreuses espèces de champignons*) et le verbe (*sont*); à moins d'un élément entre virgules (*par exemple*)

10. Tel père, tel fils : Gino Quilico, baryton, est le fils de Louis Quilico, lui-même baryton.

    ► Le deux-points annonce une explication (ici, le reste de la phrase explique l'emploi de la locution *tel père, tel fils*), une énumération, etc.

    ► Virgules pour encadrer une apposition (*baryton*).

1. durant trois ans

2. j'en ai besoin

3. à temps

4. L'emploi de la préposition *pour* est correct. On dit aussi féliciter *de*.

5. je suis à vous dans quelques minutes

6. tenté de faire

7. remémorer ce temps-là
   ▶ Le verbe *remémorer* est transitif et demande un complément direct. *On se remémore quelque chose.*

8. je me souviens d'autres fois
   ▶ Il n'y a aucune raison de répéter l'article *de,* qui est déjà là sous sa forme élidée *(d')* devant une voyelle.

9. comparé aux autres

10. j'ai demandé à voir le directeur
    ▶ Dans cette construction, la préposition fautive (*pour) doit être remplacée par une préposition et un verbe *(demander à voir).*

1. lapereau

2. jars
   ▶ On dit du jars qu'il jargonne.

3. marcassin

4. hibou
   ▶ La femelle du hibou est le hibou femelle et non la chouette, qui est une autre sorte d'oiseau.

5. chevreau

6. chameau
   ▶ Sa capacité d'emmagasiner l'eau fait du chameau le meilleur véhicule pour traverser le désert, d'où son surnom : le « vaisseau du désert ».

7. zèbre

8. cane
   ▶ À noter l'emploi du verbe *nasiller,* qui veut dire « pousser son cri », en parlant du canard.

9. hase
   ▶ Le cri du lièvre est le vagissement.

10. éléphant

1. quatre mille cinq cents
   ▶ Le déterminant numéral *mille* ne prend jamais la marque du pluriel.

2. quatre mille milles... six mille quatre cents
   ▶ Le déterminant numéral *mille* ne prend jamais la marque du pluriel.
   ▶ Ne pas confondre le déterminant numéral invariable *mille* avec l'unité de mesure *mille*, qui prend la marque du pluriel. *Deux milles font combien en kilomètres?*

3. deux milliards valent deux mille millions
   ▶ Les noms *milliard* et *million* prennent la marque du pluriel.
   ▶ Le déterminant numéral *mille* ne prend jamais la marque du pluriel.

4. l'an mille huit cent
   ▶ Pour les dates de l'ère chrétienne jusqu'à l'an 2000, on écrit *mil* ou *mille* devant un autre nombre. *L'an mil huit cent.*
   ▶ À noter que l'adjectif *cent* s'écrit sans s dans cette expression puisqu'il s'agit de l'adjectif ordinal, c'est-à-dire « la mille huit centième année ».

5. cent neuf millions
   ▶ Le nom *million* prend la marque du pluriel.
   ▶ À noter l'absence de trait d'union entre *cent* et *neuf* puisque le trait d'union unit des adjectifs numéraux inférieurs à *cent* seulement *(quarante-neuf)*, et s'ils ne sont pas déjà unis par la conjonction *et (vingt et un)*.

6. dix mille
   ▶ Le déterminant numéral *mille* ne prend jamais la marque du pluriel.

7. vingt mille
   ▶ Le déterminant numéral *mille* ne prend jamais la marque du pluriel.
   ▶ Une lieue marine est une unité de mesure qui vaut 3 milles marins. Une lieue est aussi une ancienne mesure itinéraire qui valait environ 4 kilomètres.

8. mille trente-six
   ▶ À noter le trait d'union entre *trente* et *six* : deux adjectifs numéraux inférieurs à *cent* prennent un trait d'union s'ils ne sont pas déjà unis par la conjonction *et (trente et un)*.

9. 1,5 million
   ▶ Le nom *million* prend la marque du pluriel à compter de deux unités seulement.

10. cent mille milliards
    ▶ Le déterminant numéral *mille* ne prend jamais la marque du pluriel.
    ▶ Le nom *milliard* prend la marque du pluriel.

NOTE : pour la liaison des nombres, les R.O. admettent l'emploi du trait d'union dans tous les cas : « on peut lier par un trait d'union les numéraux formant un nombre complexe, inférieur ou supérieur à *cent* ».

## 49    CORRIGÉ

1. Traditionnellement on gave l'oie pour obtenir du foie gras.
2. Le chaton a provoqué tout un émoi quand la bibliothécaire a aperçu son minois en rangeant les livres.
   ▸ Un minois, avec un *s* au pluriel et au singulier.
3. De voir Daniel sur la voie ferrée me laisse absolument sans voix, tu vois.
4. Quand le putois se sent menacé, il projette une sécrétion malodorante, pouah!
5. Depuis qu'il a mal au foie, on a l'impression que la foi lui est revenue.
6. Porter un chemisier de soie sur soi, c'est très agréable.
7. On dit que « le trois fait le mois », est-ce que tu y crois?
   ▸ « Le trois fait le mois / Le cinq le défait » est un dicton répandu au Québec, qui signifie que la température du mois sera celle qu'il fait le 3, à moins que la température du 5 vienne l'infirmer. Il existe plusieurs variantes à ce dicton.
8. Avec toutes les noix qu'il a avalées avant l'heure du bain, j'ai peur qu'il se noie.
9. On se souviendra longtemps de l'exploit du marathonien.
10. Quoi qu'il en soit, il marche droit depuis sa mésaventure.
    ▸ Attention : *quoi qu'il* en deux mots, puisqu'il s'agit du pronom relatif et non de la conjonction *quoique*, qui signifie « bien que ».

## 50    CORRIGÉ

1. excellant, participe présent, donc invariable.
2. suffocante, adjectif, s'accorde avec *chaleur*.
3. convaincants, adjectif, s'accorde avec *arguments*.
4. communiquant, participe présent, donc invariable.
5. fatiguant, participe présent, donc invariable.
6. négligents, adjectif, s'accorde avec *écoliers*.
7. relevant, participe présent, donc invariable.
8. excellents, adjectif, s'accorde avec *résultats*.
9. répondant, participe présent, donc invariable.
10. négligeant, participe présent, donc invariable.

# INDEX